Mit vier Abbildungen und einer Grafik

Titelbild: in Lascaux, Südfrankreich

guenther h. klein

Der Allmächtige

Gedanken zur Existenz Gottes

Impressum:

3.Auflage 2023

Herstellung und Verlag:

BoD – Books on Demand, Norderstedt

Satz und Gestaltung: LaTeX 2ε

Alle Textrechte: © 2023 guenther h. klein

ISBN: 978-3-7481-8884-1

Printed in Germany

INHALTSVERZEICHNIS

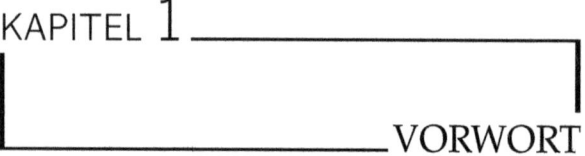

KAPITEL 1

VORWORT

Mein Buch gliedert sich in drei Kapitel und einige Unterkapitel. Das erste Kapitel handelt von Philosophen, die sich, soweit sie es konnten, mit dem Ewigen beschäftigt haben. Die Auswahl geschah subjektiv. Das zweite Kapitel ist eine Zwischenstation. Das dritte Kapitel geht zunächst vom ersten Vers der Bibel aus, geht dann über zu den Faktoren Örtlichkeit und Zeit: Örtlichkeiten können ohne die Zeit nicht bestehen. Und Zeit kann ohne die Örtlichkeiten nicht existieren. Am Buchende stehen verschiedene Verzeichnisse.

Das Titelbild zeigt Höhlenmalereien, die in Lascaux in Südfrankreich zu beobachten sind. Das Titelbild wurde mit Absicht gewählt. Man weiß wenig über die damalige Zeit. Dazu gibt es gibt verschiedene zeitliche Datierungen, die zwischen 20.000 bis 30.000 Jahren liegen, je nachdem welche Ein-bzw. Ausgänge gewählt werden. Eine weitere Frage bezieht sich mit dem Klima. War es die Steinzeit? Es dürfte eisig kalt gewesen sein. Deshalb hat man in Höhlen Zuflucht gefunden. Es wird damals auch große Tierherden gegeben haben. Man hat sich aus Fellen Kleider, Schuhe und Kopfbedeckungen angefertigt. Ging das Fleisch zu Ende, ging man wieder in die raue Wirklichkeit. Diese Höhlen und Höhlenmalereien sind die ersten Zeugnisse menschlicher Gemeinschaft und Schaffens.

Transzendenz:

Folgendes trug sich zu: Man sah einen Hauptweg, von dem zwei kleinere Wege abzweigen. Rein äußerlich gibt es keinen Unterschied. Groß prangt ein Schild an der Weggabelung:

Wege zum Paradies:

Die Menschen, die einen Weg eingeschlagen haben, können nicht wissen, welcher Weg der richtige ist. Hat man einen Weg eingeschlagen, kann nicht mehr zurückkehren, um den anderen Weg zu wählen. An der Wegabzweigung sitzt ein Mann auf einem Stuhl. Wir treffen ihn

mit unserer Gruppe und fragen ihn, welcher
Weg der richtige sei. Der Mann sagt: »Fünfhun-
dert Menschen haben den rechten Weg gewählt
und nur fünfzig den linken.« Unser Wortführer
sagte daraufhin: »Wir wählen den rechten Weg,
denn rechte Weg klingt nach dem richtigen.«
Wie die Urmenschen damals ausgesehen haben,
möge das Bild zeigen.Das ist kein Affe; denn
die Adjektivierung würde *affig* bedeuten.

Abbildung 1.1. Urmensch?

KAPITEL 2

ZUR PHILOSOPHIE

»Was für eine Philosophie man
wähle, hängt davon ab, was für ein
Mensch man sei; denn ein
philosophisches System ist nicht ein
toter Hausrat, den man ablegen oder
annehmen könnte, wie es einem
beliebte, sondern es ist beseelt durch
die Seele des Menschen, der es hat«
Johann Gottlieb Fichte (1762-1814)

Philosophie heißt Liebe zur Weisheit. Sie ist
aber auch Geschichtswissenschaft. Sie erstreckt
sich über Vergangenheit und will zur Gegenwart etwas sagen. Es geht über Länder und
Kontinente. Der chinesische Denker Konfuzi-
us (551-479 v. Chr.) sagte, edel sei der Mensch
dann, wenn er sich in Harmonie mit dem Welt-

ganzen befindet. Die indische Philosophie (1500 v.Chr.) macht Weisheit und Erlösung als Grundlage der Religion. Der Buddhismus ist eine der großen Weltreligionen. Im Gegensatz zum Hinduismus und den abrahamitischen Religionen hat sie mit Weisheit, Erlösung und Logik zu tun.

2.1. Plato

Der griechische Philosoph Platon, auch Plato genannt. Er lebte von 427 bis 347 .v.Chr. Sein Wirken lag in der Blütezeit der griechischen Kultur. Seine Philosophie ist ie Darstellung von der »Ideenwelt«. Das ist für Platon die Welt der Wissenschaft und Wahrheit.

Sein Denken von der Schattenwelt und der Ideenwelt ist bis heute Philosophiegeschichte, sie enthält einige Wahrheiten. Die Schattenwelt entsprach seiner Gedankenwelt. »Der Schattenwurf ist realer Bestandteil der Welt«, erläuterte er. Das zeigt er an einem Beispiel. Es handelt sich um das Höhlengleichnis. Der Philosoph erläutert:

»Mit uns Menschen steht es wie mit Gefan-

genen, die sich in einer unterirdischen Höhle
befinden und von Geburt auf eine Bank gefes-
selt wären, so dass sie sich nie umwenden und
immer nur die dem Eingang gegenüberliegende
Seite sehen können. Hinter ihnen, dem Eingang
zu, verläuft eine mannshohe Mauer, hinter dieser brennt ein Feuer. Wenn nun zwischen Mauer
und Feuer Menschen vorübergehen und dabei
die Mauer überragende Bilder, Statuen, Gerä-
te usw. vorbei tragen, dann werden die durch
das Feuer entstehenden Schatten dieser Dinge
auf die Höhlenwand geworfen, und von dort-
her dringt auch das Echo der Laute, die die
vorübergehenden Menschen von sich geben, an
das Ohr der Gefangenen. Da diese Gefangenen
nie etwas anderes vernehmen als die Schatten
und das Echo, werden sie diese Abbilder für
die Wirklichkeit halten. Könnten sie sich einmal umwenden und im Licht des Feuers die
Gegenstände selbst schauen, deren Schatten sie
bisher sahen, und könnten sie statt des Echos
auch die Töne selbst hören, so würden sie wohl
sehr erstaunt sein über die neue Wirklichkeit.
Und könnten sie aus der Höhle heraus und
im Sonnenlicht die lebendigen Menschen, Tie-

re und die wirklichen Dinge selbst betrachten,
von der in der Höhle vorüber getragenen Gegenstände ja auch nur Abbilder waren, dann
wären sie wohl ganz geblendet von dieser anders gearteten Wirklichkeit. Würden sie aber
den Gefangenen, die in der Höhle geblieben
waren, davon erzählen, dass das, was sie hören
und sehen, gar nicht die eigentliche und wahre Wirklichkeit sei, dann fänden sie wohl gar
keinen Glauben und würden schließlich darüber auch noch verspottet werden. Und sollte
jemand den Versuch machen, die Gefangenen
zu befreien und ans Licht der wahren Welt führen, könnte es ihnen das Leben kosten. Wie die
Sonne im Reich des Sichtbaren allen Dingen
Sein und Leben und Erkennbarkeit verleiht, so
umgibt die Idee der Ideen im Reich des Un-
sichtbaren allen Seienden Wesen Erkennbarkeit,
Wahrheit und Wirklichkeit.«

Erst durch Licht und Schatten erkennen wir
die Dinge des Lebens. Es heißt in der Bibel
mehrmals, die Sonne hat sich verdunkelt, so
wird das Licht nicht mehr scheinen. Dazu seien
drei Bibelstellen angeführt: Jesaja 13,10, Im Kap.
30,20 wird das Licht siebenfach leuchten. In

der Offenbarung, Kapitel 9,2, verliert die Sonne ihren Schein.

Eine Besonderheit aus dem Leben Platos sei noch erzählt: Platon wollte seine ethischen und die politischen Ideale in die Praxis umsetzen. Er verfasste um 370 v.Chr. ein weiteres Werk mit dem Titel »Der Staat« (politeia). Er kam an den Hof des Herrschers Dionysos I. Der Herrscher war aber zu schwach, um die politischen Ideen Platons umzusetzen. Anderseits neigte er zu willkürlichen Maßnahmen. Durch eine Intrige wurde Platon auf dem Sklavenmarkt von Aegina angeboten. Nur durch einen Zufall erfuhr Annikeris, ein Sokratiker der kyrenaischen Schule, davon und kaufte ihn los. Platon erwarb später einen Garten bei dem Heiligtum des Heros Akademos. Dort soll (um 387 n.Chr.) die erste europäische Akademie entstanden sein.[2]

2.2. Anselm von Canterbury

Der Benediktinerabt Anselm von Canterbury, geboren 1033, gestorben April 1109 in Canterbury, stand im Geist des Augustinus, dessen Lehre er im weitesten Sinne vertrat. Anselm wurde im italienischen Aosta, das nahe der französischen Grenze liegt, geboren. Daher wurde er auch Anselm von Aosta oder Anselm von Bec genannt. (Zur Zeit, als es noch keine Nachnamen gab, setzte man dem Vornamen die jeweilige Ortschaft bei.) Sein Kloster Le Bec liegt in der Normandie. Als der damalige Erzbischof von Canterbury, Lanfrac, 1089 verstarb, wurde Anselm erst 1093 zum Erzbischof berufen. Auf Drängen seiner Freunde und Glaubensbrüder wurde er aufgefordert, eine Schrift zur Existenz Gottes zu verfassen. Man war schon damals über die Existenz den Allmächtigen im Zweifel. Er tat die Gottesbeweise zunächst in der so genannten **Proslogion** (Anrede). Er beginnt seine Ausführungen mit einem Gebet:

»Also, Herr, der Du die Glaubenseinsicht gibst, verleihe mir, dass ich, soweit Du es nützlich weißt, einsehe, dass du das bist, über den nichts Größeres gedacht werden kann.«

- **Ich will nicht wissen, um zu glauben, sondern glauben, um zu wissen.**

Alleine schon die Anrede ist beachtenswert. Anselm stellt den Glauben in den Vordergrund. Er meinte, ein jeder Mensch sei zum Glauben fähig. Nicht das Wissen allein und das Denken macht den Menschen aus, sondern vor allem der Glaube, d.h. die Hoffnung und Erwartung. Wer glaubt, will verstehen, was er glaubt. Seine Glaubenssätze zeigen seine tiefe religiöse Prägung.

Neben dieser kurzen Anrede trägt Anselm in dem sogenannten **Monologion** (Selbstgespräche) seinen ontologischen Gottesbeweis vor. Das geschieht mit der bereits bekannten Anrede: »Also, Herr, der Du die Glaubenseinsicht gibst, wir glauben, dass Du das bist, über den nichts Größeres gedacht werden kann.«

Es ist eine Meditation über das Wesen Gottes und eine der am meisten diskutierten Aussagen in der Philosophiegeschichte. Sowohl Thomas von Aquino, Hegel, Kant u.v.m. haben sich mit den Aussagen Anselms beschäftigt.

Im Mittelpunkt seiner Argumentation steht sein Gottesbegriff: »Gott sei das, worüber hinaus nichts Größeres gedacht werden kann« (id, quo nihil maius cogitari potest), formuliert er.

Was sagt die Vernunft? [1] Sie findet in sich

---

[1] Die Vernunft ist die Fähigkeit des Menschen, etwas mit dem Verstand zu erfassen und es in die Praxis

selbst das denkbar höchste Wesen. Mit Anselm beginnt ein neues Fragen: »Was kann gedacht werden?«

Anselm möchte einen fiktiven Tor widerlegen, der in seinem Herzen denkt, es gäbe keinen Gott. Zunächst führt Anselm aus, dass auch ein Tor, der die Existenz Gottes leugnet, zugeben muss, dass, wenn er den vorgelegten Gottesbegriff versteht, worüber nichts Größeres gedacht werden kann, dieser in seinem Verstand existiert (esse in intellectu), da alles, was verstanden werde, zuvor dem Verstand zugeführt sein muss.

Er widerlegte den Mönch Gaunilo, der darauf erwiderte: »Wenn ich mir eine vollkommene Insel denke, so folgt daraus nicht, dass sie existiert.« Immanuel Kant, der große deutsche Philosoph, argumentiert ähnlich: »Mit der Nennung einer Sache ist ihre Existenz noch nicht gegeben. Wenn ich mir 100 Taler denke, sind sie noch nicht da.«

Doch dies hatte Anselm auch gewusst und erwidert: Wenn ein Maler sich ein Werk ausdenkt, existiert es noch nicht, könnte aber bald

umzusetzen

existieren. Er fährt fort, dass der Maler eine Vorstellung von dem zu malenden Bild hat. Das gilt auch für das Beispiel mit der vollkommenen Insel. Er folgert daraus, dass damit der wahre Sachverhalt nicht getroffen werde; denn in der Idee Gottes liegt ein einzigartiger, unvergleichlicher Fall vor. Es liegt ein vollkommenes Wesen vor, welches alle Vollkommenheit notwendig einschließt. Eine vollkommene Insel hat aber immer nur eine Begrenztheit und Endlichkeit.

Nachdem Anselm seine Argumente dargelegt hat, dass das, worüber hinaus nichts Größeres gedacht werden kann, nicht nur existiert, sondern gesetzmäßig existiert. Es folgt zum Schluss seines Gottesbeweises noch ein Dankgebet. Anselm wollte nicht beweisen, dass Gott existiert, auch nicht im wissenschaftlichen Sinn. Er wollte einfach nur Dank aussprechen. Die Philosophie Anselms hat an Aktualität nichts eingebüßt. Wenn ein Mensch Gott mit Namen nennt, existiert er in seinen Gedanken.

Der Gottesleugner, der Atheist, nennt Gott mit Namen, um ihn zu widerlegen, dennoch existiert er in seinen Reden. Glauben heißt Hoffnung, Mut, Erwartung und Zuversicht haben.

2.3. Thomas von Aquin

Thomas von Aquin, wurde um 1225 auf Schloss
Roccasecca bei Aquino in Italien geboren und
starb am 7.März 1274 im Kloster Fossanova. Er
war Dominikaner und einer der einflussreichsten Philosophen und Theologen der Kirchen-
geschichte. Thomas ist in seiner Wirkungsge-
schichte nach ein Hauptvertreter der Philosophie des hohen Mittelalters, die man Scholastik
nannte[10].

Thomas war einer der einflussreichsten Theoretiker des mittelalterlichen Staatsdenkens. Dabei sah er den Menschen als ein soziales Wesen,
der in seiner jeweiligen Gemeinschaft lebte. In
dieser Gemeinschaft tauscht er sich mit seinen
Artgenossen aus. Es kommt zu einem Miteinander. Seine Lehre wird kosmologische Gottesbeweise genannt.

Seine Gottesbeweise umfassen fünf Wege.

Der 1.Weg: Aus der Bewegung

Der erste Weg (ex parte motus), der von Aristoteles stammt, geht von der Erfahrungstatsa-
che der Bewegung aus. Thomas argumentiert,
dass alles, was in Bewegung ist, von einem an-

deren bewegt werden muss, da nichts aus sich selbst heraus bewegt werden kann. Da man in Abhängigkeit vom Bewegten und von Bewegern nicht ins Unendliche gehen kann, muss man einen ersten Beweger annehmen. Diesen ersten Beweger heißen wir alle Gott.

Der 2.Weg: Aus der Wirkursache

Der zweite Beweisgang (ex ratione causea efficientis) betrachtet die Wirkursache. Thomas sieht, dass jede Ursache wieder verursacht ist. Dieser Weg führt ins Unendliche. So kann eine unendliche Ursachenreihe letztlich nichts erklären. Man muss eine erste Wirkursache annehmen. Sie heißen wir alle Gott. (Das Verfahren wird Regression (Rückbesinnung) genannt.)

Der 3.Weg: Aus der Kontingenz

Unter Kontingenz verstehen wir Zufälligkeit, Möglichkeit. Der dritte Beweis (ex possibili et necessario) geht von dem Unterschied des bloßen möglichen und des notwendigen Seins aus. Thomas erklärt, dass alles Sein auch Nicht-Sein bedeuten könnte. Demnach ist nichts notwendig, alles ist von Potenzialität[2] durchdrungen.

---

[2]Potenzialität ist die Möglichkeit, wirklich zu werden

Daraus folgt, dass dieses mögliche Sein einmal auch nicht seiend war. Gäbe es daher nur kontingentes Sein, dann wäre jetzt überhaupt nichts gegeben. Es gibt aber ein Seiendes, das notwendig ist zum Sein, entweder aus sich heraus oder von außen her. Da diese Abhängigkeit nicht bis ins Unendliche gedacht werden kann, kommen wir neuerdings zu einem Seienden, das von sich aus notwendig ist.

Die drei genannten Beweisgänge gleichen einander; sie werden nur als ein Beweis genannt. Deutlich sind auch weitere Denker erkennbar. Hierzu zählt Aristoteles und Moses Maimonides (1138 - 1204). Er ist ein bedeutender, spanisch-jüdischer Philosoph, Arzt, Rechtsgelehrter und Gemeindeführer; eigentlich: Abu Imran Musa Ibn Maimun Ibn Ubaid Allah.

Der 3.Weg ist nicht klar durchstrukturiert, sieht man vom dialektischen Modus vom Sein und Nichtsein ab, das unausgesprochen mitschwingt.

Der 4.Weg: Aus den Seinsstufen

Dieser vierte Beweisgang (ex gradibus perfec-

---

oder einzutreffen. (Quelle: Duden)

tionum) erblickt hinter einem Vollkommenen ein höchst Vollkommenes. Aristoteles nennt das Feuer als die höchste Wärmequelle, die sich nicht steigern lässt. Analog dazu heißt es bei Thomas: Das höchste Gute lässt sich nicht mehr steigern. Das Gute liegt in der Rangordnung darunter. Und das höchste Gute nennen wir alle Gott.

Dieser Beweis geht auf Anselm von Canterbury zurück, der wiederum auf Augustinus verweist.

Der 5.Weg: Aus der Weltordnung

Dieser Weg (ex gubernatione mundi) gilt als der teleologische Gottesbeweis. Er sagte auch, dass die Denkmittel verschieden, die Aufgabe aber die gleiche sei. Er war durch die Stoa, eine der wirkungsmächtigsten philosophischen Lehrgebäude in der abendländischen Geschichte. Tatsächlich geht der Name - bemalte Vorhalle - auf eine Säulenhalle auf der Agora, dem Marktplatz in Athen, zurück. Dort hat Zenon von Kition um 300 v. Chr.seine Lehrtätigkeit aufgenommen. Ein besonderes Merkmal der stoischen Philosophie ist die kosmologische, auf die Ganzheitlichkeit der Welterfassung gerich-

tete Betrachtungsweise.[10]. Sein Denken ist an-
schaulich: Es gibt Ordnung und Zielstrebigkeit
in der Welt. Daher ist eine höchste Intelligenz
anzunehmen, die das bewirkt hat. Thomas hat
abgelehnt, dass Gott unmittelbar gesehen werden kann. Seine Ablehnung und Verneinung
der Sichtbarkeit Gottes sei besonders hervorzu-
heben. Thomas hat einen tiefen Eindruck in der
abendlichen Welt hinterlassen. Er versuchte das,
was geglaubt und gewusst wird, in Einklang zu
bringen.

Bekannt ist auch sein (ens a se), was nichts anderes heißt, als: »Das durch sich selbst Seiende.«
Deshalb zweifelt Thomas von Aquin in seinen
religiösen Überlegungen nicht an Gott. Beim
Menschen haben wir einen Sonderfall. Er ist ein
denkendes, vernunftbegabtes Lebewesen.

Es gibt einen Unterschied zwischen Anselm
von Canterbury und Thomas von Aquin. Er
liegt nicht nur im unterschiedlichen Gottesbegriff, sondern auch in der Vorgangsmethode.
Die Rede von Anselm: »Über Gott kann nichts
Größeres gedacht werden«,hatte Thomas anderes zu sagen. Während Anselm von Gott direkt ausging, wollte Thomas Gott, nach den Re-

geln der Stoa, verdeutlichen. Dieses Verfahren, vom Allgemeinen zum Besonderen zu kommen, nannte man Deduktion. Für Thomas steht für das Gotteswesen und seine Existenz die Vollständigkeit in der Natur und in der Kosmologie gegenüber. Das Wort des Apostels Paulus an die Römer dürfte eine Rolle gespielt haben. Dennoch ist das Bemühen erkennbar, den Ewigen mit den Mitteln des Verstandes begrifflich zu machen. Er wollte auch sagen, was Gott nicht ist. Man könnte seine Arbeiten mit den Worten als »semantische Physik« umschreiben. Thomas ging vom Allgemeinen zum Besonderen aus. Beim Menschen haben wir einen Sonderfall. Er ist ein denkendes, vernunftbegabtes Lebewesen.

2.4. Blaise Pascal

Eine französische Größe ist der Mathematiker Blaise Pascal (1623 - 1662). Sein Gottesbeweis wird häufig zitiert Er schreibt:

»Wenn Du an Gott glaubst, aber Gott existiert nicht, so verlierst Du nichts, aber wenn Du nicht an Gott glaubst, und Gott existiert, so wirst Du in die Hölle geworfen. Deswegen ist es dumm, nicht an Gott zu glauben.«

Vor rund 30 Jahren gab es die Programmier-
sprache »Turbo Pascal«. Einer der bekanntesten
deutschen Philosophen ist Friedrich Nietzsche.
Er schrieb: »Pascal, den ich beinahe liebe, weil
er mich unendlich belehrt hat, der einzig logische Christ.«

2.5. Baruch de Spinoza

Baruch de Spinoza lebte von 1632 bis 1677, portugiesisch: (Bento de Espinosa), latinisiert (Benedictus de Spinoza). Er wurde in Amsterdam
geboren. Seine Eltern sind jüdischer Herkunft
und lebten in Portugal und zogen wahrschein-
lich um 1623 nach Amsterdam, wo Baruch im
Judenviertel geboren wurde. Acht Tage später,
nach der Beschneidung, bekam er den Namen
Baruch. Der Name heißt, übersetzt: Der Geseg-
nete. Der biblische Baruch war der Schreiber
des Propheten Jeremia (Jeremia 45). Wie damals
(und noch heute) üblich, wurden die Knaben in
der Thora unterwiesen (Thora = die fünf Buch
Moses). Das Ziel war es, zu einem Rabbiner aus-
gebildet zu werden. Als etwa 18-jähriger wird

er in der Schule nicht mehr aufgeführt. Sein
Vater starb 1654. Baruch musste als Ältester der
Söhne die Handelsgeschäfte seines Vaters wei-
terführen. Zu dieser Zeit entdeckte er bei sich
einen Widerspruchsgeist. Als wenig später die
Geschäfte schlecht liefen, musste er Konkurs
anmelden. Etwa zur gleichen Zeit kam er mit einer mennonitischen Gemeinde zusammen. Dort
lernte Baruch Latein. Das befestigte seinen Widerspruchsgeist weiter. Das Resultat war, dass
er wegen angeblich schlechter Manieren aus der
jüdischen Synagoge ausgeschlossen wurde. Zu
dieser Zeit zogen aus Portugal weitere Juden
nach Amsterdam. Es waren die Freidenker Juan
de Prado und Manuel Ribeira. Der Einfluss auf
den jungen Baruch war beachtlich. Als er seine
Verteidigungsschrift nicht in Jüdisch, sondern
in Latein verfasste, musste er auf Betreiben der
jüdischen Rabbiner Amsterdam zeitweise verlassen. Wegen dieser Vorfälle vertrat Spinoza
bibel- und religionskritische Ansichten. Dennoch kann er sich von der jüdischen Religion
nicht gänzlich trennen. Sein Frühwerk, das als
verschollen gilt, trägt den Titel: **Kurze Abhandlung von Gott, dem Menschen und seinem**

Glück. Sein Hauptwerk ETHICA spricht eine deutliche Sprache. Die Philosophie Spinozas ist eine Zusammenfassung der Gedanken des 17.Jahrhunderts. Das ist eine Konzeption des Gesamtmenschlichen unterteilt in Logos, Ethos, Eros und Mythos. Nicht nur aus diesem Grund gilt Spinoza als Pantheist. Das will sagen: Gott ist die Gesamtheit der Natur; Gott, Welt und Mensch ist ein Sein. Er schreibt weiter: Unter Gott verstehe ich das unbedingt unendliche Wesen, das heißt die Substanz, die aus vielen Attributen besteht, deren jedes ewige unendliche Wesenheit ausdrückt.[10] In einer anderen Abhandlung heißt es zur Substanz: »Darunter verstehe ich das, was in sich ist und durch sich begriffen wird. Diese Bedingung erfüllt nur Gott. Also gibt es nur eine einzige Substanz, die göttliche.« Seine Ansichten über die Seele lassen aufhorchen. Die Seele sei eine Modifikation Gottes. Der Leib und jeder Körper ist wieder ein Modus Gottes.[2]

Heinrich Heine schrieb:

»Wenn den Spinoza einst aus seiner altcartesianischen mathematischen Form erlöst und ihn dem großen Publikum zugänglich macht, dann wird sich vielleicht zeigen, dass er mehr als jeder andere über Ideendiebstahl klagen dürfte. Alle unsere heutigen Philosophen, vielleicht ohne es zu wissen, sehen sie durch die Brillen, die Baruch geschliffen hat.«

2.6. Immanuel Kant

Gotthold Ephraim Lessing (1729-1781) schreibt: »Kant übernimmt ein schwer Geschäfte, der Welt zum Unterrichte, er schätzt die lebendigen Kräfte, nur seine schätzt er nicht.«

Kant gilt als einer der größten deutschen Philosophen. Seine Philosophie nannte man später »Deutsche Aufklärung«. Er wird auch heute noch gerne zitiert. Er stammte aus der ehemals preußischen Stadt Königsberg. Heute heißt die Stadt Kaliningrad. Kant wurde am 22.4.1724 dort geboren. Er lebte sein ganzes Leben in Königsberg , obwohl er Einladungen zu Vorträgen und Lehrtätigkeiten aus anderen Städten bekam. Kant verstarb am 12.2.1804 auch dort. Dazwischen lagen Jahre und Jahrzehnte der philosophischen Tätigkeit, obwohl es zunächst nicht danach aussah. Er stammte aus einer Handwerkerfamilie. Die finanziellen Mittel waren beschränkt. Seine körperliche Kondition wäre noch zu nennen. Der rechte Schulterknochen trat hervor, nicht sehr stark, aber sichtbar. Er sah zart und gebrechlich aus und das bei einer Körpergröße von nur 157 Zentimeter. Er war anders als seine Mitschüler. Das schien eine Voraussetzung zu sein für ein - doctor universalis. Im heutigen Kaliningrad steht ein Denkmal von ihm.

Zur damaligen Zeit war es üblich, Freunde und Bekannte zum Essen einzuladen. Man saß zusammen, unterhielt sich und speiste. Als Kant alt geworden war und eigentlich kein Essen mehr geben konnte, saß man dennoch zusammen und sprach miteinander. Schließlich waren seine Kollegen genauso alt wie er.

Zahlreiche Episoden gibt es zu Kant zu erzählen. Eine davon ist seine Pünktlichkeit. Man sagt, man hätte, die Kirchturmuhr nach ihm stellen können, so genau waren seine Spaziergänge. Sein Diener, ein ausgedienter Soldat namens Martin Lampe, weckte ihn um fünf Uhr mit preußischem Ruf: »Es ist Zeit!« Später trennte sich Kant von Lampe, als dieser zu sehr dem Alkohol zusprach. Kant formulierte: »Der Name Lampe muss endgültig vergessen werden.«[9]

Sein Gönner, Johann Schulz, fragte ihn, beinahe verzweifelt: »Fürchten Sie auch Gott« Er wollte sich vergewissern, ob Kant nicht allzu weit von der damals strengen christlichen Lehre entfernt war. Es ging ihm darum, ihn weiter zu empfehlen. Dazu hatte er auch allen Grund. (Sowohl Kant als auch Heine standen auf dem katholischen Index; der Vorläufer der Inquisition.) Kant schrieb zum Streit der Fakultäten:

»Wenn Gott zu den Menschen wirklich spräche, so kann dieser doch niemals wissen, dass es Gott sei, der zum ihm spricht. Es ist a priori unmöglich, dass der Mensch durch seine Sinne den Unendlichen fassen, ihn von den Sinneswesen unterscheiden und ihn woran auch immer erkennen kann. Dass es aber nicht Gott sein könne, dessen Stimme er zu hören glaubt, davon kann er sich wohl in einigen Fällen überzeugen, denn wenn das, was ihm durch sie geboten wird, dem moralischen Gesetz zuwider ist, so mag die Erscheinung ihm doch noch so majestätisch und die ganze Natur überschreitend dünken; er muss sie doch für eine Täuschung halten.«

Ob der Obertitel, Streit der Fakultäten, zutraf, steht als Frage. Der Name **Fakultät** besagt Hochschule. Vielleicht gab es eine Fachrichtung Theologie. Kant könnte an solchen Semestern teilgenommen haben. In der damaligen Zeit war der strenge Pietismus in Königsberg und im Umland verbreitet. Kant wurde darin erzogen. Er war ein feinfühliger Mensch. Das AT sprach in den ersten Versen von der Erschaffung der Welt. Auch sonst sprach Gott wiederholt zu Propheten, Schriftgelehrten und zu Königen. Kant sagte, Gott spricht nicht zu Menschen. Solche Formulierungen können nicht bewiesen werden. Indem er das sagte, als er etwa 40 Jahre alt war, stellte er sich außerhalb der damaligen Religiosität.

Dennoch war Kant in Königsberg eine stadtbekannte Persönlichkeit. In Damenboudoirs, private Zimmer einer Dame, lagen seine Schriften aus. Es war nicht selten, dass sich ältere Damen in Cafés trafen, um sich mit der Kant'schen Philosophie zu beschäftigen. Man weiß nicht, um was es dabei ging, jedenfalls fand Kant bei

Damen einen nicht geringen Anklang. Die Aussage Kants: »Habe Mut. Bediene dich deines Verstandes«, waren Aussagen, die für die Allgemeinheit bestimmt waren und noch heute gelten. Seine philosophischen Werke:

- **Kritik der reinen Vernunft**
- **Kritik der praktischen Vernunft**
- **Kritik der Urteilskraft**

Das Wort, Kritik, besagt Urteilsfähigkeit oder Unterscheidungsvermögen. Das Wort, Vernunft, hatte damals einen anderen Klang als der heutige. Man könnte es als Einsicht und Besonnenheit definieren, wobei das Gewicht auf Besonnenheit zu legen wäre. Eine Satz Kants, der Jahrhunderte überlebte und für allerlei Spott gesorgt hat, ist der kategorische Imperativ:

»Handle nur nach derjenigen Maxime, durch die du zugleich wollen kannst, dass sie ein allgemeines Gesetz werde.«

Kant stellte vier Fragen:

- **Was kann ich wissen?**
- **Was soll ich tun?**
- **Was darf ich hoffen?**
- **Was ist der Mensch?**

Der Philosoph Arthur Schopenhauer (1788-1860) sagte zum Kategorischen Imperativ: »Durch ein, Du sollst und ein Befohlen muss sein, hatte er eine Sklavenmoral erdacht.« Der Dichter und Spötter Heinrich Heine formulierte:

»Der alte Lampe muss einen Gott haben, sonst kann der arme Mensch nicht glücklich sein – der Mensch soll aber auf der Welt glücklich sein – das sagt die praktische Vernunft – meinetwegen – so mag auch die praktische Vernunft die Existenz Gottes verbürgen. Infolge dieses Arguments unterscheidet Kant zwischen der theoretischen Vernunft und der praktischen Vernunft, und mit dieser, wie mit einem Zauberstäbchen, belebte er wieder den Leichnam des Deismus, den die theoretische Vernunft getötet.«

Die Ideenwelt Platons war für Kant ein Anschauen als ob. Dass brachte ihm den Ruf ein, er sei Atheist. Man setzte seine Schriften auf den Index. Die Werke wurden in Hessen verboten. Auch in Heidelberg, der altehrwürdigen Universitätsstadt, wurde ein Professor abgesetzt, der es gewagt hatte, über Kant zu lesen.

Die preußische Regierung schrieb an die Königsberger Verwaltung folgenden Brief:[8]

»Deß ungeachtet sind Wir nicht weniger entschlossen, den Magister (Magister besagt Lehrer oder Meister) Immanuel Kant zum Nutzen und Aufnehmen der dortigen Akademie bei einer anderweitigen Gelegenheit zu placieren.«

Es zeigte sich der Aufstieg des Königsberger Philosophen. Mit den Jahren hatte er eine Popularität erlangt, die der Anlass zur weiteren Ausbreitung seiner Schriften war. Als er am 12.2.1804 verstarb, hatte er ein Werk hinterlassen, das ihn zum größten Denker des Abendlandes werden ließ. Kant formulierte Gottesbeweise.

- **Ontologischer Gottesbeweis**
- **Kosmologischer Gottesbeweis**
- **Teleologischer Gottesbeweis**

Der Begriff Ontologie stammt aus dem Altgriechischen und bedeutet »Lehre vom Seienden«. Ontologen befassen sich nicht nur mit greifbaren Dingen und deren Wesen, Ordnung und Begrifflichkeit. Auch das, was nicht mit Beweisen erfasst werden kann, ist Thema der Ontologie (Quelle Bing).

Kosmologische Gottesbeweise gehen zurück
auf Aristoteles und auf der Idee des unbeweg-
ten Bewegers. Hierzu zählt auch Thomas von
Aquin. Der teleologische Gottesbeweis (telos =
Ziel, Sinn). Alles in der Welt ist zielgerichtet
und auf Ordnung, Schönheit und Zweckmä-
ßigkeit ausgelegt. Die einfachste Idee des kosmologische Gottesbeweises: Von nicht kommt
nichts.

Johann Gottfried Herder (1744-1803) schrieb
zu Kant: »Mit dankbarer Freude erinnere ich
mich aus meinen Jugendjahren der Bekannt-
schaft und des Unterrichts eines Philosophen,
der mir ein wahrer Lehrer der Humanität war
[...] Seine Philosophie weckte das eigne Denken auf, und ich kann mir beinahe nichts Erle-
seneres und Wirksameres hierzu vorstellen, als
sein Vortrag war.«

Herder war einer der einflussreichsten Schriftsteller und Denker deutscher Sprache im Zeitalter der Aufklärung und zählt mit Christoph
Martin Wieland, Johann Wolfgang Goethe und
Friedrich Schiller zum klassischen Viergestirn
von Weimar.[10]

2.7. John Locke

Es soll eine kurze Betrachtung des englischen
Philosophen John Locke (1362-1704) folgen. Locke liegt zwischen Descartes und Kant. Er gilt
als einer der großen englischen Philosophen. Er
studierte in Oxford scholastische Philosophie,
später Medizin, das seine Philosophie mitbe-
stimmte. Er begleitete verschiedene Ämter. Er
arbeite zunächst als Arzt. Als dieser stand er
in Diensten des späteren Lordkanzlers Earl of
Shaftesbury (Anthony Ashley Coopers). So sind
seine Aussagen zur Erkenntnistheorie von enor-
mer Tragweite. Von allen Philosophen, außer
Thomas und Anselm, konnte er heute noch viele denkende Menschen überzeugen. In seinem
in vier Büchern gegliederten Hauptwerk , Versuch über den menschlichen Verstand, (engl: An
essay concerning human understanding.) geht
er auf den Ursprung, Umfang und Grad der
Gewissheit menschlicher Erkenntnis ein. Darin
führt er aus, dass die Seele eines gerade gebo-
renen Menschen zunächst leer sei, so leer wie
ein unbeschriebenes Blatt Papier. Weiter führt
er aus:

Alle Ideen (ideas) oder die Bewusstseinsinhalte und schließlich das, womit sich der menschliche Geist beschäftigt und ausdrückt, stammen aus der Erfahrung. Diese Erfahrung, »Sensation«, nimmt zunächst die Eindrücke von Eltern auf. Ohne die Aufnahme der Sinneseindrücke gibt es keine Erkenntnis. Diese äußere Erfahrung, also der Impuls, und die Aufnahme dieser Ideen, werden im Geist reflektiert und führt zum Denken und zur Erkenntnis. Jeder erwachsene Mensch reflektiert seine Gedanken von seinen Eltern. Ohne diese Reflexionen gibt es keine Erkenntnis. Einfacher gesagt: Durch Erziehung denken wir. Hat der Mensch keine Erziehung und wird als Kleinkind sich selbst überlassen, wird daraus nicht das, was wir Mensch nennen. Er bekommt lediglich Essen und Trinken, aber er erfährt weder Zuwendung noch das Erlernen der Sprache. So machen Sprache und Information den Menschen aus.

»Ich glaube, kann es aber noch nicht beweisen, dass der Erwerb einer menschlichen Sprache, das heißt die gesprochene oder die Gebärdensprache, eine notwendige Vorbedingung des Bewusstseins ist - in dem strengen Sinne, dass es ein Subjekt gibt, ein Ich, ein sich seiendes Etwas.«

Locke gehört neben Descartes und Leibniz zu den Vertretern des Rationalismus. Darunter versteht man eine philosophische Richtung, die dem Denken große Bedeutung beimisst. Zu diesen gut formulierten Gedanken soll nichts weiter gesagt werden. Das Denken Lockes ist einfach und genial zugleich. Dabei ist der Unterschied zwischen der Gotteserkenntnis eines Platon und eines Kant beträchtlich. Was für Platon Ideen und Ideenwelt waren, ist für Kant das, was er das Wesen Gottes nennt. Dabei ist Locke mehr Psychologe als Philosoph. Nach seiner These beruhen alle Urteile auf Erfahrung, und diese ist anerzogen. Ohne Erziehung gibt es keine Gotteserkenntnis. Da die Erfahrungen aller Menschen unterschiedlich sind, sind auch ihre Ansichten und Urteile unterschiedlich.

2.8. Søren Kierkegaard

Søren Kierkegaard lebte von 1813-1855. Er schreibt: »Es ist wahr, was die Philosophie sagt, dass das Leben rückwärts verstanden werden muss.

Aber darüber vergisst man den anderen Satz, dass es vorwärts gelebt werden muss.«

Søren war ein dänischer Philosoph und gilt eher als Religionsphilosoph. Er gehörte zum »Goldenen Zeitalter« Dänemarks. Søren wurde nur 42 Jahre alt. Er hatte noch sieben Geschwister, von den fünf früh starben. Als sein Vater das verinnerlichte, meinte er, er sei wegen früherer Sünden hart bestraft worden. Aus diesem Grund habe er zu Schwermut und Melancholie geneigt. Das hat sich auf seinen Sohn übertragen. Sein Vater, Mikael, war Wirkwarenhändler (hauptsächlich Stoff-und Schuhwaren) und hatte einiges Geld verdient. Zur gleichen Zeit lebten der Dichter Hans Christian Andersen und Christian Jörgensen Thomsen. Er war Sekretär der Königlichen Altertumskommission. Waffen teilte er in Steinzeit, Bronzezeit und Eisenzeit ein. Diese Einteilung gilt bis heute. Søren stand mit der evangelischen Amtskirche im steten Konflikt. Er wollte Pfarrer werden, was aber abgelehnt wurde. Sein ganzes Leben war von Gegensätzen geprägt. Er lebte von inneren Konflikten und trug sie aus. Das waren für ihn **Gut und Böse** und **Staat und Kirche.** Er war sogar der Meinung, dass die Amtskirche, die Theologen und Pfarrer, nicht den rechten Christenglauben gepredigt hätten. Er sah einerseits die Bibel und andererseits die Pastoren in steten Widersprüchen.

Er hätte sagen können: Das Christentum ist kein normativer Begriff. Juden und Christen stoßen sich ab und Christen untereinander auch. Vergeblich nennen sich Kirchen römisch-katholisch, griechisch-katholisch, russisch-orthodox, koptisch. Seitdem es die evangelische Kirche gibt, spalteten sich bald Freikirchen und Sondergemeinschaften ab. Es gibt kein gemeinsames Merkmal wahren Christentums.[3] Das Werk zeigte die Gegensätze im Denken Kierkegaards auf. Das sagt auch das folgende Zitat:

• »Die Menschen scheinen die Sprache nicht empfangen zu haben, um die Gedanken zu verbergen, sondern um zu verbergen, dass sie keine Gedanken haben.« Spätestens jetzt leuchtet ein , Søren hat Gedanken gespiegelt.

Viele Philosophen und Theologen haben sich mit Gott beschäftigt. Es wurden verschiedene Aussagen gemacht. Philosophie ist eine Suche nach Wahrheit. Manche Denkansätze haben bleibenden Wert, manche sind längst vergessen. Ein abschließendes Zitat von Kierkegaard:

• Seine Aussage ist typisch: Das Gebet ändert nicht Gott, sondern den Betenden.

So hat Søren keine Philosophie hinterlassen, sondern vielmehr Denksprüche.

2.9. Jean Guitton

Zu einem der letzten großen und christlichen Philosophen des vergangenen Jahrhunderts zählt der französische Denker Jean Guitton (18.August 1901-21.März 1999). Sein Denken kann hier nur ansatzweise vorgestellt werden.[4] Er schreibt:

• »Das Jahr 1927 war eines der wichtigsten in der Geschichte des zeitgenössischen Denkens. Es markiert den Beginn der metarealistischen Philosophie. Es ist das Jahr, in dem Heisenberg seine Unbestimmtheitsrelation darlegte, in dem Georges Lemaître seine Ausdehnung des Universum formulierte, in dem Einstein seine vereinheitlichte Feldtheorie vorschlägt, in dem Teilhard de Chardin die ersten Elemente seines Werks publiziert. Und es ist das Jahr des Kopenhagener Kongresses, der die offizielle Begründung Heisenbergs zur Quantentheorie markiert.«

• »Der menschliche Geist spiegelt ein Universum wieder, das dem menschlichen Geist entspricht. Daher kann nicht einfach gesagt werden, dass Geist und Materie koexistieren würden; sie existieren miteinander. In gewisser Weise ist das Universum durch Gott geschaffen worden, damit wir von uns selbst zu träumen: Der Metarealismus beginnt genau in dem Augenblick, wo der Träumer sich seiner selbst und seines Traums bewusst wird.«

• »Um die Existenz des kosmischen Codes akzeptieren, ihn verstehen zu können, sollte man seinem Denken eine metarealistischen Rahmen geben. Ich fordere den Leser auf, über zwei Merkmale nachzudenken:

– Geist und Materie bilden ein und dieselbe Realität;

– der Schöpfer dieses Universums aus Materie und Geist ist übersinnlich.«

In seinem Epilog schreibt Guitton:

• »Wir können das Universum als eine Art kosmische Hieroglyphe annehmen, die wir gerade zu entschlüsseln beginnen. Jedes Atom, jedes Fragment, jedes Staubkorn existiert in dem Maße, wie es Teil universeller Bedeutung ist. Und so gliedert sich der kosmische Code auf, zuerst Materie, dann Energie und schließlich Information.«

Geist und Materie bilden eine Gemeinsamkeit. Das eine kann nicht ohne das andere existieren. Dieser Geist ist auch Information. Der Ewige ist Geist, Unendlichkeit und gleichzeitig Information. -Guitton schreibt von dieser Welt.

KAPITEL 3

ZWISCHENSTATION

Was am Anfang der Welt war, ist eine uralte Frage, die zu allen Zeiten den Vordergrund bestimmte. Man hat verschiedene Antworten gegeben, ohne dass es eine schlüssige Antwort gegeben hätte. Es ist von einem Urknall, einer Ursuppe, dem Zufall und der Stecknadel-Theorie die Rede. Bevor darauf eingegangen wird, soll auf die Plattentektonik (Kontinentalverschiebung) kurz eingegangen werden. Kontinente Afrika und Nordamerika gehörten ehemals zu einer einzigen Landmasse. Dazu auch die Inseln Madagaskar und Grönland, die jeweils zu ihrem Festland gehörten. Das Ganze dürfte durch ein oder zwei kleine Meere umflossen sein. Die Idee geht auf den Meteorologen Alfred Wegener (1880-1930) zurück. Nach geschätzten 200 Mil-

lionen Jahren (früher Jura) gehörten alle Kontinente zu einer einzigen Landmasse. Nach 160
Millionen Jahre (Mitteljura) drifteten die Kontinente langsam auseinander. Es bildeten sich
Zwischenmeere. Nach 80 Millionen Jahre (obe-
re Kreide) begann die Kontinentalverschiebung
größer zu werden. Vor 40 Millionen Jahre (obe-
res Eozän) war die Trennung der Erdkontinente
fast vollzogen. (die Begriffe sind später entstanden.) Heute haben wir die komplette Trennung
von Meeren und Erdteilen vor uns. Was führte
zu dieser Plattentektonik? Es lagen feste, harte
und leicht verformbare Gesteinsschichten vor.
Und im Innern der Erde herrschten verschiedene Temperaturen. Es gab kalte, warme und
heiße, ja flüssige und sogar explosive Stoffe.
Die ganze Natur ist in Bewegung. Erdschichten
wandern auf andere oder über andere Gesteinsschichten (Erdplatten). Es wird auch Erdbeben
gegeben haben. Wie bei den Planeten durch Rotation mit dem Luft Atemstoff entsteht, so ent-
stehen verschiedenen Tierarten, Menschenarten
und Floren. Auf Madagaskar gibt es Affenar-
ten, die es nur hier gibt. Darwin zum Geden-
ken. Worin besteht Ursache und Wirkung? Man

kann auch nicht feststellen, ob es ein Kommen oder Gehen gibt. Allgemein kann man sagen, Materie und Geist sind unterschiedlich. Manche passen, manche zu groß oder sind zu klein geraten. Wenn das All vor 15 Milliarden Jahre entstanden sein, wie kann man das verständlich machen? Niemand kann 15 Milliarden Jahre, ja nicht einmal 1 Million Jahre zurückblicken. Kann überhaupt jemand auf so einen langen Zeitraum denken? Der Norweger Thor Heyerdahl (1914-2002) hat mit Schiffen wie Kon-Tiki die alte Welt Perus besucht und mutmaßte, die Bewohner hätten die Inselwelt Polynesien bevölkert. Die Entfernung beträgt heute um die 6.000 Kilometer. Wenn man aber das Mittel-Jura annimmt, waren die Wasserwege deutlich länger. - Die Welt hat es immer gegeben, nur die Verhältnisse wurden stets anders.

Der Urknall soll die Entstehung des Kosmos belegen. Wenn es geknallt haben soll, muss ein Etwas gegeben haben, damit es Knallen kann. Ein Knall aus dem Nichts ist Nichts. Wer hat den Knall gehört? Man hat den Eindruck, Begriffe wie **Hölle und schwarze Löcher** seien geistig miteinander verwandt. Eine weitere Fra-

ge geht dahin, wie groß ist das Universum?
Fachleute sind sich selbst nicht einig. Die eine Gruppe spricht von 78 Milliarden Lichtjahren, die andere Gruppe nennt 138 Milliarden.
Bisweilen ist zu hören, der Urknall sei ein Unfall. Wie auch immer, sowohl der eine Wert als auch der andere, entspricht nicht dem menschlichen Vorstellungsvermögen. Das Universum ist nicht begrenzt und hat auch keinen Rand.
Man sollte mit Aussagen wie **Weltraum** vorsichtig sein. Denn das bestimmende Wort Raum ist etwas Begrenztes. Überhaupt haben die Gedanken von der Größe des Universums, dem Urknall, der Ursuppe, der Stecknadel-Theorie und der Schöpfungstheorie, ein erhebliches Manko.
Es wird von einer fernen Welt berichtet, die uns nicht betreffen kann. Eine ferne Welt ist auch immer eine fremde Welt.

Es gibt den Begriff der Allegorie. Hierunter versteht man ist eine bildhafte Darstellung abstrakter Sachverhalte. Nehmen wir die Größe des Universums als Bezugspunkt an. Zum Verständnis der Sache sei die Weltbevölkerung herangezogen. Diese beträgt im Jahr 2020 7 Milliarden. Die Bevölkerung nimmt in jeder Sekunde

um einen oder zwei Menschen zu. Das Modell
verdeutlicht den Sachverhalt auf einfache Weise.
Die Darstellung hat weder eine Grenze noch
einen Anfang auch keinen Rand. Natürlich sterben Menschen. Wenn das Universum sound-
soviel Lichtjahre groß sein soll, die Welt aber
vom Allmächtigen geschaffen wurde, müsste
der Allmächtige eine Grenze und einen Rand
haben. Hätte die Welt einen Anfang, müsste sie
Ende haben. Da aber Gott von Ewigkeit besteht,
Hat er weder ein Anfang noch ein Ende. Wäre
das anders könnte Gott nicht ewig sein.

Das Wort Zufall kann nicht als technische
Berechnungsgrundlage dienen. Theoretiker sagen, der Ursprung der Welt sei so groß wie eine
Stecknadel gewesen. Es herrschten zudem hohe
Temperaturen. Im Laufe von Milliarden von Jahren sei die heutige Welt entstanden. Demnach
wird die Welt stets größer und kälter. Es würde
jetzt viel zu weit führen, würde man die Ausführungen Igor Bogdanov zur Zufallstheorie
zitieren (Seite 74). [4]

Edwin Hubble war ein US-amerikanischer
Astronom (1889-1953). Nach ihm wurde ein
Weltraumteleskop benannt. Die heutigen Nach-

folger schauen in ferne Galaxien. Es sind Spi-
ralnebel, rote und gelbliche Nebel zu sehen.
Eine unbekannte Welt wird gezeigt. Sind die
Wolkengebilde, die für die Entstehung neuer
Welten stehen sollen, zutreffend? Oder werden
lediglich gemachte Bilder gezeigt? Da die Welt
anfangs so groß wie eine Stecknadelkopf gewesen sein soll, ist anzunehmen, das die Welt
stetig größer und kälter wird, und Sterne und
Planeten auseinander driften, das sollte man
verstehen, ist aber realitätsfern. In einer Milliarde, Milliarde und Milliarden von Jahren strebt
der Mond der Sonne zu. Das ist eine ferne und
fremde Welt.

Abbildung 3.1. Eine ferne und fremde Welt

• [Rudolf Diesel:] Er wurde (1858) als Sohn
verarmter deutscher Einwanderer in Paris ge-

boren. Der junge Ingenieur hatte die Idee, Luft zu verdichten und dann unter Zuführung von Kraftstoff zur Entzündung zu bringen. Man spricht von der Selbstentzündung des Motors. Als es ihm schließlich gelang, einen kleinen Verbrennungsmotor, den späteren Dieselmotor, zu bauen, wurden die Vorteile schnell erkannt. Die Idee, einen Selbstzünderdmotor zu bauen, ist zunächst in seinen Gedanken entstanden. Durch mehrere Versuche kam die Idee zur Realisation.

• [Ignaz Semmelweis:] Eine Besonderheit stellt Ignaz Semmelweis (1818-1865) dar. Um 1840 starben viele Frauen im Kindbettfieber. Als Ursache fand Semmelweis mangelnde Hygiene. Zunächst haben seine Kollegen seine Ausführungen als spekulativen Unfug abgetan. Als Ärzte, dass man sich an Toten nicht verunreinigen. Sie sezierten und reinigten sie sich nicht nachher die Hände (desinfizieren). Es zeigte sich später, dass dies die Ursache des Kindbettfiebers war. Die Bibel erwähnt in 3.Mose 21,1 solche Fälle.

Da seine Kollegen ihm die Ehre nicht erwiesen, starb Semmelweis später in der Irrenanstalt.

Erst der schottische Mediziner Joseph Lister,
(1.Baron Lister), und dann Robert Koch und
Louis Pasteur haben seine Arbeiten völlig rehabilitiert. Semmelweis gilt als »Retter der Müt-
ter«. Semmelweis konnte am Erfolg nicht mehr
teilhaben. Wer eine andere Meinung hat, muss
sich in acht nehmen, damit er nicht auf Gröbste
beschimpft wird. Das gilt bis heute.

Wikipedia schreibt:

»Wissenschaft ist die Erweiterung des Wissens durch Forschung, dessen Weitergabe durch
Lehre, der gesellschaftliche, historische und in-
stitutionelle Rahmen, in dem dies organisiert
betrieben wird, sowie die Gesamtheit des so
erworbenen Wissens. Forschung ist die metho-
dische Suche nach neuen Erkenntnissen sowie
deren systematische Dokumentation und Veröf-
fentlichung in Form von wissenschaftlichen Arbeiten. Lehre ist die Weitergabe der Grundlagen
des wissenschaftlichen Forschens, die Vermitt-
lung eines Überblicks über das Wissen eines
Forschungsfelds und den aktuellen Stand der
Forschung sowie die Unterstützung bei deren
Vertiefung.«[10]

»Über das Leben Euklids ist fast nichts bekannt. Aus einer Notiz bei Pappos hat man geschlossen, dass er im ägyptischen Alexandria wirkte. Die Lebensdaten sind unbekannt. Die Annahme, dass er um 300 v. Chr. gelebt hat, beruht auf einem Verzeichnis von Mathematikern bei Proklos, andere Indizien lassen hingegen vermuten, dass Euklid etwas jünger als Archimedes (ca. 285–212 v. Chr.) gewesen sei. Aus einer Stelle bei diesem Gelehrten hat man auch geschlossen, er sei um das Jahr 360 v. Chr. in Athen geboren worden. Dort hatte er seine Ausbildung an Akademie Platons erhalten und dann zur Zeit Ptolemaios' I. (ca. 367–283 v. Chr.) der in Alexandria wirkte.«[10]

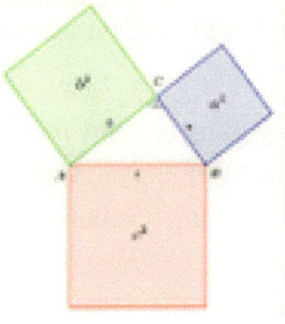

$$a^2 + b^2 = c^2$$

- Euklid und die euklidische Gerade.
- Nikolaus Kopernikus wurde 1473 in Thorn

(ehem. Pommern) geboren und starb 1543 in Frauenberg. Seine Leistung bestand im Erfordern des heliozentrischen Weltbildes mit der Sonne als Zentrum. Es soll von Claudius Ptolemäus und Aristoteles beeinflusst worden sein. Seine Ausbildung wurde in Krakau, Bologna, Padua und Ferrara vervollständigt. Sein bekanntestes Werk: »Über die Umlaufbahnen der Himmelssphäre.«

• Der Satz des Pythagoras (auch Hypotenusensatz) ist einer der fundamentalen Sätze der euklidischen Geometrie. Er besagt, dass in ebenen rechtwinkligen Dreiecken die Summe der Flächeninhalte der Kathetenquadrate gleich dem Flächeninhalt des Hypotenusenquadrates ist.

Seit Kopernikus begann man die Dogmen der Kirche zu hinterfragen. Hierzu gehört auch der Konflikt Martin Luthers mit der damaligen katholischen Kirche und der Gründung der evangelischen Kirche. Dem heliozentrische Weltbild des Kopernikus muss man Dank aussprechen, weil die Wissenschaftler der nachfolgenden Generationen, die Grundlage für die heutige Astronomie schufen. Das kopernikani-

sche Weltbild stellt die Sonne ins Zentrum des
Weltalls. Das revolutionierte in der Renaissance
die Astronomie. Sowohl Kopernikus, als auch
Galilei und Kepler haben sich auch mit Astrologie beschäftigt. Irgendwie hat der Glauben auch
mit Unglauben zu tun. Übrigens erläuterte Kopernikus auch Gedanken zum Münzwesen; er
meinte, die Inflation entstehe durch reine Zunahme von Geldmitteln. Er wurde 1564 in Pisa
geboren und starb 1641 oder 1642 in einem Ort
nahe Florenz. Er war ein italienischer Univer-
salgelehrter. Er war Philosoph, Mathematiker,
Ingenieur, Physiker, Astronom und Kosmologe.
Viele seiner Entdeckungen, vor allem in der Me-
chanik und der Astronomie, gelten als bahnbre-
chend. Er entwickelte die Methode, die Natur
durch die Kombination von Experimenten, Messungen und mathematischen Analysen zu erforschen, und wurde damit einer der wichtigsten
Begründer der neuzeitlichen exakten Naturwis-
senschaften geschaffen. Berühmt wurde er die
Verurteilung durch die katholische Kirche. Erst
1992 wurde er rehabilitiert.[10] Galilei war der
erste Naturwissenschaftler, der ein Fernrohr be-
saß und Himmelskörper beobachtete. Er schleif-

te selbst Linsen, die eine 30-fache Vergrößerung erbrachte. Er soll auch den Rechenschieber entwickelt haben. Dieser hatte Bestand bis in die 60 Jahre des 21. Jhd.; er wurde später durch den Taschenrechner ersetzt. Die Himmelsbeobachtungen über den zerklüfteten Mond konnte er deutlich durch das Fernrohr wahrnehmen. Er war Professor in Padua, auf die sich auch Giordano Bruno Hoffnung gemacht hatte.

• Giordano Bruno: Er wurde 1548 in der Nähe von Neapel geboren. Am 17.2 1600 wurde er in Rom auf dem Scheiterhaufen verbrannt. Er war ein italienischer Priester, Dichter, Philosoph und Astronom. Am 12.März 2000 erklärte Papst Johannes Paul II. nach Beratung mit dem päpstlichen Kulturrat und einer theologischen Kommission, die Hinrichtung sei nunmehr auch aus kirchlicher Sicht als Unrecht zu betrachten.

Was lehrte Bruno? Er postulierte die Unendlichkeit des Weltraums und die ewige Dauer des Universums. Damit stellte er sich der herrschenden Meinung einer in Sphären untergliederten geozentrischen Welt entgegen. Viel schwerer wog damals, dass seine pantheistischen Thesen von einer unendlichen materiellen Welt keinen Raum für das Jenseits zu ließen, weil die zeitliche Anfangslosigkeit des Universums eine Schöpfung und dessen ewiger Bestand und ein Jüngstes Gericht ausschlossen. Seine Ideen gelten bis heute als aktuell. Hatte man damals Ideen, die der herrschenden religiösen Herrschaft entgegenliefen, musste man um sein Leben fürchten. Heute gibt es atheistische Zirkel, die seinen Namen tragen. Bruno war er ein Mensch, der auf Distanz zur Lehre der Kirche ging.

• Johannes Kepler: Er wurde im Jahr 1571 in Weil der Stadt, einer Stadt im heutigen Baden-Württemberg, geboren und starb 1630 in Regensburg. Er lebte in einer Zeit beginnender wissenschaftlicher Neuorientierung. In der frühen Neuzeit, in der er lebte, hatte Kopernikus seine Vorstellungen zum heliozentrischen Weltbild entwickelt. Mikroskop und Fernrohr wurden erfunden. Der dänische Astronom Tycho Brahe (1546–1601) führte zahlreiche Sternbeobachtungen durch. Heftige Auseinandersetzungen gab es um das heliozentrische Weltbild. Denn die katholische Kirche nahm die Aussage: **Im Anfang schuf Gott Himmel und Erde,** allzu wörtlich. Sie sagte, dass kosmische Weltbild sei eine vom Satan diktierte Theorie.

Kepler war Lutheraner. Er fand eine Anstellung in Linz. Seitdem aber die österreichische Stadt katholisch wurde, hatte er keine Einkommen mehr. Er fand sie beim dänischen Astronomen Tycho Brahe, der in Städten wie Rostock und Prag forschte und lehrte. 1560fand eine Sonnenfinsternis statt. Sie wurde von Brahe gesehen. 1572 beobachte er mit seiner Schwester eine Supernova. Das war ein absolutes Novum in der Astronomie. Im Jahr 1594 entstand Keplers erstes astronomisches Werk, das unter dem Titel **Mysterium cosmographicum** (Geheimnis der Weltbeschreibung) herausgegeben wurde. In diesem recht spekulativem Werk werden die geometrischen Eigenschaften regulärer Körper mit den Abständen der Planetenbahnen in Verbindung gebracht und daraus den «**göttlichen Bauplan des Universums**» entwickelt.

• Max Planck: «Meine Herren, als Physiker, der sein ganzes Leben der nüchternen Wissenschaft, der Erforschung der Materie widmete, bin ich sicher von dem Verdacht frei, für einen Schwarmgeist gehalten zu werden. Und so sage ich nach meinen Erforschungen des Atoms dieses: Es gibt keine Materie an sich. Alle Materie entsteht und besteht nur durch eine Kraft, welche die Atomteilchen in Schwingung bringt und sie zum winzigsten Sonnensystem des Alls zusammenhält.» Plank hat von seinen Eltern ein Harmonium geschenkt bekommen. Er spielte Kirchenliedern. So wurde das Gerät in Schwingungen versetzt. Musik entstand.

• Erwin Schrödinger: »Man sollte meinen, dass die Naturwissenschaft keine klareren Antworten geben kann als die Physik. Wenn wir die Natur anschauen, haben wir es mit einer steten Abfolge von Gleichmäßigkeit zu tun. Nirgends können wir von einer Willkür in der Natur sprechen. Eine Abfolge bedingt oder verursacht eine weitere Abfolge. Solche Erscheinungsmerkmale können statisch oder dynamisch sein.« Er schreibt weiter: »Die statische Betrachtungsweise verleiht dem Entropiesatz (griechisches Kunstwort für **Wendung, Umwandlung** mit folgenden Inhalt: Alles Geschehen entwickelt sich von relativ geordneten gegen relativ ungeordnete Zustände.« (Er hat sich dem indischen Glauben zugewandt.

Da es im ganzen Weltall aber weder eine intelligente Kraft noch eine ewige Kraft gibt, ist es der Menschheit nicht gelungen, das heiß ersehnte Perpetuum Mobile zu erfinden. Wir müssen hinter dieser Kraft einen bewussten intelligenten Geist annehmen. Dieser Geist ist der Urgrund aller Materie. Nicht die sichtbare, aber vergängliche Materie ist das Reale, Wahre, Wirkliche; denn die Materie bestünde ohne den Geist überhaupt nicht, sondern der unsichtbare, unsterbliche Geist ist das Wahre! Da es aber Geist an sich ebenfalls nicht geben kann, sondern jeder Geist einem Wesen zugehört, müssen wir zwingend Geistwesen annehmen. Da aber auch Geistwesen nicht aus sich selber sein können, sondern geschaffen werden müssen, so scheue ich mich nicht, diesen geheimnisvollen Schöpfer ebenso zu benennen, wie ihn alle Kulturvölker der Erde früherer Jahrtausende genannt haben – Gott! Damit kommt der Physiker, der sich mit der Materie zu befassen hat, vom Reiche des Stoffes in das Reich des Geistes. Und damit ist unsere Aufgabe zu Ende, und wir müssen unser Forschen weitergeben in die Hände der Philosophie.»

• Richard Feynman: Betrachten wir eine Kraft
wie eine Gravitation, die umgekehrt proportio-
nal dem Quadrat der Entfernung ist, aber ungefähr eine Milliarde mal einer Milliarde mal einer
Milliarde mal einer Milliarde stärker ist. Dazu
kommt noch ein weiterer Unterschied: Es gibt
zwei Arten von Materie, die wir positiv und
negativ nennen können. Gleiche Arten stoßen
einander ab, ungleiche Arten ziehen einander
an - im Gegensatz zur Gravitation, wo es nur
Anziehung gibt. Was würde weiter passieren?
Ein Bündel positiver Körper würde infolge der
enormen abstoßenden Kräfte in alle Richtungen
zerstreuen. Ein Bündel negativer Körper würde
das Gleiche tun. Hingegen würde sich eine aus-
gewogene Mischung aus positiven und negativen Körpern völlig anders verhalten. Die ent-
gegengesetzten Körper würden durch enorme
Anziehung zusammengehalten. Das effektive
Ergebnis wäre dann ein nahezu vollkommenes
Gleichgewicht zwischen diesen fürchterlichen
Kräften, die feste, feine Mischungen aus positiven und negativen Körpern bilden [...]

Es gibt eine solche Kraft, nämlich die elektri-
sche. Und die gesamte Materie ist eine Mi-

schung aus positiven Protonen und negativen Elektronen, die einander mittels dieser großen Kraft anziehen und abstoßen. Das ist vollkommen [...] Doch [...] die kleinste Unausgeglichenheit würde wahrgenommen werden. Ständen wir eine Armlänge von jemandem entfernt, so wäre die abstoßende Kraft unfassbar groß. Wie stark wäre sie? Stark genug, um das Empire State Building hochzuheben? Nein! Um den Mount Everest hochzuheben? Nein. Die Abstoßung wäre so groß, dass sie ein Gewicht hebt, das dem der ganzen Erde entspricht.[1] Wären es nur negative Kräfte, würden sie auseinander streben. Der Weltraum würde scheinbar größer.

• [Robert Laughlin:] Interview mit dem Spiegel (1/2008). Er wurde nach der Beweisbarkeit wissenschaftlicher Aussagen befragt. Hier ein Auszug:[6]

• [Spiegel:] Und was ist Wahrheit? Dass das Universum im Urknall entstanden ist?

• [Laughlin:] Das ist Unfug. Viele stellen mir quasi religiöse Fragen. Woher wir kommen, wie das Universum entstanden ist und so weiter.

---

[1]Richard Feynman, Nobelpreis 1965 Physik (Quantenfeldtheorie)

Da kann ich als Physiker nur antworten: Da bin ich kein Experte in Sachen Experiment und Messung.

- [Spiegel:] Aber es gibt doch durchaus Messungen, die das Uhrknallszenario stützen. Die Rotverschiebung des Lichts ferner Galaxien, die Verteilung von Wasserstoff und Helium im Universum...

- [Laughlin:] [...]ja, und außerdem der Mikrowellen-Hintergrund. All das sind echte Daten. Aber das Uhrknallszenario ist nur eine Art Synthese daraus – eine Theorie.

- [Spiegel:] Und was ist in Ihren Augen der Wert einer solchen Synthese?

- [Laughlin:] Letztlich ist das nichts als Marketing. Wenn wir unseren Kindern etwas beibringen, dann reden wir zuerst von unseren Vorstellungen und Ideen, weil das leichter zu verstehen ist. Aber was für mich als Physiker wirklich zählt, das sind allein die Daten. (...) Ich bin es satt, in Seminaren zu sitzen und mir Spekulationen über Schwarze Löcher und Superstrings anzuhören. Niemand redet da über Experimente. Wer wirklich originelle Dinge hervorgebracht hat, der weiß: Du musst dich zu disziplinieren wissen. Rede nur über Dinge, die auch messbar sind.

• [Simon:] Die Quantentheorie hebt den Unterschied zwischen Feld und Teilchen auf und damit den Unterschied zwischen dem, was materiell ist bzw. zwischen der Materie und dem, was man Immateriell nennt. Man wird dies das Geistige nennen wollen. Die Verschmelzung von der Relativitätstheorie und der Quantentheorie, ist die »relativistische Quantenfeldtheorie«. Sie kam zu dem Ergebnis, dass Teilchen nicht durch sich selbst, sondern nur mittels ihrer Wirkungen, die sie hervorbringen, existieren. Kein Ding existiert von sich aus, sondern durch ein anderes. [**Simon**]

• [Pauli:] Die wesentlichen meta-theoretischen Aussagen der Religionen werden von der Wissenschaft weder bestätigt noch widerlegt.

• [C.F.v. Weizsäcker:] Die moderne Physik gibt uns keinen Anlass zu glauben, ihre Gesetze beherrschen nur das, was wir »Materiell« nennen, oder es gebe nichts anderes. Die Welt ist im Tiefsten nicht materiell, sondern geistig.

• [Planck:] Der wohl unmittelbare Beweis für die Verträglichkeit von Religion und Wissenschaft, auch bei gründlich-kritischer Betrachtung, ist die historische Tatsache, dass gerade die größten Naturforscher aller Zeiten, Männer wie Kepler, Newton, Leibniz von tiefer Religiosität geprägt waren.

• [Popper:] Unsere europäische Zivilisation ist die Einzige, die eine Naturwissenschaft hervorgebracht hat, und in der diese Wissenschaft eine geradezu entscheidende Rolle spielt. Sie ist das Produkt des Rationalismus, der antiken griechischen Philosophie.

• [Leisenberg:] Er zitiert den Astrophysiker H. Lesch: »Glauben Sie an eine Viele-Welt-Theorie: Nein. Das ist eine Sache, mit der kann ich überhaupt nichts anfangen. Ehrlich gesagt, ist das der verzweifelte Versuch um Gott herumzukommen.« Swinburne: »Eine Billion Billionen anderer Universen postulieren anstelle von einem Gott, um das Universum zu erklären, scheint der Gipfel der Irrationalität zu sein.«

• [Die Bibel:] »So spricht der HERR: Wenn man den Himmel oben messen könnte und den Grund der Erde unten erforschen, dann würde ich auch verwerfen das ganze Geschlecht Israels [...]«, Jeremia 31,37. Jeremia dachte anders

als viele seiner Schriftpropheten. Psalm 90,10:
»Unser Leben dauert siebzig Jahre, und wenn
wir noch Kraft haben, dann auch achtzig Jahre.
Und was uns daran so wichtig erschien, ist letztlich nur Mühe und trügerische Sicherheit. Denn
schnell eilen unsere Tage vorüber, als flögen wir
davon.«

Doch wie verwirrend bleibt die Frage, die
einmal ein Physiker gestellt hat: »Wie kann ein
Energiestrom, der ziellos dahinfließt, das Leben
und das Bewusstsein in der Welt verbreiten?«
[4]

• [Charles Darwin:] Als einer der ersten Denker der Neuzeit gilt Charles Darwin. Er studierte Theologie unter William Paley. Darwin war
entzückt von der Beweisführung Paleys. Später
stellte er die Lehre auf den Kopf.[7] In Cam-
bridge, wo er Theologie studierte, traf er mit
dem Botaniker John Steven Henslow zusammen, zu dessen Schülerkreis er bald gehörte. Er
übte auf Darwin großen Einfluss aus. Henslow
war gläubiger Christ und Landpfarrer (1839).
Als Darwin am Vermessungsschiff HMS Bea-
gle von 1831-1836 teilnahm und mit anderen
Kulturen und Naturen zusammentraf, ging er

auf Distanz zur Lehre Paleys. An Bord nahm er eine Sonderstellung ein. Er speiste mit dem Kapitän. Sein Spitzname war »Fliegenfänger«. Als Darwin einige Gegenden des brasilianischen Urwalds durchwanderte, war er entzückt. Er sprach von der Eleganz der Gräser, Schönheit der Blumen, Geräusch von Insekten, glänzendes Grün des Laubes, Neuheit der parasitischen Pflanzen. Er sprach von der Veränderung der Arten. Dass sich Arten im Laufe von Jahren, Jahrhunderten und Jahrtausenden ändern, versteht sich von selbst. Wenn er aber von der Entstehung der Arten und vor allem von der Entstehung des Menschen spricht, dann klingeln sämtliche Alarmglocken, und das ist unstrittig, die Hände der Menschen sind leicht gekrümmt, so als ob sie früher auf Bäumen geklettert seien. Wenn vom Affen abstammend, fragt sich, warum gibt es immer noch Affen? Auch der Kampf ums Dasein, das Darwin formulierte, ist nur zu verständlich. Darwin war ein religiöser Mensch. Und er war Einzelgänger. Er hat nie Vorträge gehalten. Als er 1892 starb, starb er einsam. Das offizielle England nahm zunächst keine Kenntnis von ihm. Er wurde einfach ignoriert. Darwin, der Weltreisende, hat seine Cousine geheiratet. [7]

Franz M. Wuketits schreibt in seinem Büchlein »Darwin und der Darwinismus« zum Schluss den bemerkenswerten Satz: »Man kann Darwin mit Fug und Recht als einen der bedeutendsten Aufklärer bezeichnen.«[7] Dem kann man zustimmen. Das Büchlein ist gut zu lesen. Es hat nur 108 Seiten, Format 180 x 120 mm. Es hat einen komfortablen Index. Die beiden Begriffe **Schöpfung oder Evolution** sind abstrakter Natur. Es sind bloße Annahmen, aber keine Fakten.

Ernst Mayr (1904-2005) war ein deutsch-amerikanischer Biologe. Man nannte ihn den »Darwin des 20.Jahrhunderts«. **Mayr schreibt:**

»Die von Darwin eingeleitete intellektuelle Revolution reichte weit über die Grenzen der Biologie hinaus; sie führte zur Absage an eine grundlegende Glaubensvorstellungen jener Zeit. So widerlegte Darwin den Glauben an die individuelle Erschaffung einer jeden einzelnen Art und setzt an seine Stelle die Überlegung, alles Leben stamme von einem gemeinsamen Vorfahren ab. In Ausweitung dieses Gedankens führte Mayr die Vorstellung ein, sie sei nicht das Ergebnis eines Schöpfungsakts, sondern habe sich gemäß überall sonst in der Welt wirksamen Prinzipien entwickelt...«

Mayr stammte aus dem Allgäu, insofern könnte er dem katholischen Glauben zugehörig gewesen sein. Das wird deutlich mit der Erwähnung des Begriff **Schöpfungsakt**.

Es ist erstaunlich, was für Vorstellungen Mayr hat. Er spricht von intellektueller Revolution, Erschaffung des Menschen, Schöpfungsakt. Was aber sind **wirksame Prinzipien?** Wie Darwin ist auch Mayr ein religiöser Mensch. Er leistete sich einen Fauxpas. Er schreibt:»Evolutionsdenken und Evolutionsmodelle wenden wir an, wenn wir uns mit der Antibiotikresistenz von Krankheitserregern, der Pestizidresistenz von Schädlingen, der Bekämpfung von Krankheitserregern (z.B. Malariamücken), Krankheitsepidemien, der Herstellung neuer Nutzpflanzen. Letztlich erforschen Wissenschaftler die Evolution. Sie hat alle Teilgebiete der Biologie gewaltig bereichert.«

Der eigentliche Begriff **Evolution** wurde von Herbert Spencer in die Welt gesetzt (Seite 64).[7]

Sir Fred Hoyle schreibt: »Die Wahrscheinlichkeit, dass sich aus unbelebter Materie Leben entwickelt hat, beträgt eins zu einer Zahl mit 40.000 Nullen. Diese ist groß genug, um Darwin und die ganze Evolutionstheorie unter sich zu begraben.«

Dem kann man nur zustimmen.

• [Dawkins:] »Wir brauchen den Aberglauben nicht mehr, wenn wir Antworten auf folgende tiefe Fragen haben wollen: Hat das Leben einen Sinn? Wozu sind wir hier? Was ist der Mensch?« Leider gibt Dawkins keine Antworten auf seine eigenen gestellten Fragen. Stellen sich Menschen überhaupt die Frage, ob das Leben einen Sinn macht? Diese Frage kann man sich stellen, findet man aber keine Antworten, macht man einfach weiter so. Wer Bücher schreibt, wie Dawkins, erwartet daraus Erfolg. Das ist eine Sache des Glaubens. Der Biologe[2] schreibt in seinem Buch **Der Gotteswahn** den Satz: »Es gibt mit großer Wahrscheinlichkeit keinen Gott.« So, als würde es einen anderen geben. Lässt man die Beifügung »mit großer Wahrscheinlichkeit« weg, lautet der Satz: **Es gibt keinen Gott.** Da

---

[2]Kurzform Bio: Biolebensmittel.

aber der Satzanfang »Es gibt« eine positive Satz-
fortführung verlangt, heißt der Satz jetzt: **Es
gibt Gott**. Das aber wollte Dawkins nicht sagen.
Er wollte Gott widerlegen, den er ja im Munde
führt.

• Eine weitere britische Größe war Bertrand
Russell (1872-1970). Er war Mathematiker, Philosoph und Literatur-Nobelpreisträger (1950).
Seine Mutter sei gläubig gewesen, sagt er. Russell war Pazifist[3] und wurde gerne zu Vorträgen
eingeladen. Er schrieb 1957 das Essay »Warum
ich kein Christ bin.« Er argumentierte folgen-
dermaßen: »Alles Erschaffene hat eine Ursache,
einen Ursprung. Er fragt: Wer hat Gott erschaffen?«

Da aber Gott zeitlos und von daher ewig ist,
wurde er nicht erschaffen. Er war schon immer
da. Russell war auch bekannt für tiefe und zugleich wahre Zitate: »Die moderne Menschheit
hat zwei Arten von Moral: eine, die sie predigt,
aber nicht anwendet, und eine andere, die sie
anwendet, aber nicht predigt.«

Russell geht von Gott aus; er spricht ja von
ihm. Es gibt eine Vielzahl irdischer Dinge. Der

---

[3]Haltung, die jede Art von Krieg ablehnt.

Allmächtige ist kein irdisches Ding. Wenn es so
wäre, hätten die Menschen ihn längst beseitigt.
Er ist auch nicht eine von Menschen geschaffe-
ne mediale Macht. Der Ewige ist Geist; er ist
das Medium, das zwischen Himmel und Erde
schwebt. Blickt man in die Natur, so hat man
ein Bild vom Allmächtigen. Mit jedem Atemzug
wird seine Existenz bestätigt. Das Firmament
hatte keinen Anfang. Wäre das anders, hätte
der Kosmos eine Grenze. Der Ewige hat keinen Anfang und somit auch kein Ende. Auf
der anderen Seite erwähnte Russell den Begriff
»Höllenfeuer«. Das wird in Matthäus 5,22 erwähnt.

Man gewinnt den Eindruck, Begriffe wie »Hölle und schwarze Löcher« seien geistig miteinander verwandt. Wer dort hinkommt, dem schlägt
das ewige Feuer entgegen. Eine weitere Frage
geht dahin, wie groß das Universum ist. Fachleute sind sich selbst nicht einig. Die eine Gruppe spricht von 78 Milliarden Lichtjahren, die
andere Gruppe nennt 138 Milliarden. Wie auch
immer, sowohl der eine Wert als auch der andere, entspricht nicht dem menschlichen Vorstellungsvermögen. Wer kann mit solchen Zahlen

umgehen? Das Universum ist nicht begrenzt und hat auch keinen Rand. Ganz früher war man der Meinung, die Erde sei eine Fläche und man falle am Ende hinten runter. Das wäre dann der direkte Zugang zur Hölle.

• Albert Einstein geboren 1879 in Ulm, gestorben 1955 in Princeton. Legendär ist seine Formel von der Relativitätsthese. Seine berühmte Formel lautet:

Abbildung 3.2. Albert Einstein

$$E = mc^2$$

Die Formel dient nicht zum Berechnen der

Körper im All, sondern ist eine Anschauung. Energie (E) =Masse (m) und die Zeit und das zum Quadrat. Masse ist der innere Zusammenhalt eines Körpers. Ein kleiner Planet hat eine andere Masse als 1000 Strohballen. Vielleicht sind diese Strohballen räumlich größer als der kleinste Stern?

- **Das Superteleskop:**

Die europäischen Staaten haben in einem trockenen Wüstengebiet in Chile ein Superteleskop mit dem sinnigen Namen **Very Large** errichtet. Das soll das Rätsel von der Entstehung des Universums lösen. Das Geld hätte man lieber Armen gegeben. Was der Mensch mit seinen Augen sehen kann, sind sichtbare Dinge. Die materielle Welt ist ein Blick in die Vergangenheit. Ein Blick in die Zukunft ist nicht möglich, denn diese Welt ist noch nicht geworden!

KAPITEL 4

DER ALLMÄCHTIGE

> »Je länger ich das Universum
> erforsche und die Einzelheiten
> seiner Architektur untersuche, desto
> mehr Indizien deuten für mich
> darauf hin: In einem gewissen Sinn
> muss das Universum gewusst haben,
> dass wir kommen.«
>
> Freeman Dyson, englischer Physiker
> und Mathematiker

- **Der erste Satz der Bibel lautet:**

Genesis 1,1: »Im Anfang schuf Gott Himmel und Erde.«

Der Text geht von einem Anfang aus. Es wird vom Himmel und Erde ausgegangen. Das ist als Einheit anzusehen. Dabei ist der Himmel oben und die Erde unten. Zahlenmäßig kommt

der Begriff »Himmel« in der Bibel rund 600 mal
vor, die Erde rund 800 mal. Dabei braucht man
nicht unbedingt von der Bibel auszugehen, um
Himmel und Erde zu verstehen. Nehmen wir
an, es ist klares Wetter und bester Sonnenschein.
Schauen wir zum Horizont. Wir sehen, dass
dort sich Himmel und Erde begegnen, ja eine
Einheit bilden. Die Dinge laufen aufeinander zu.
Würde man das dichterisch formulieren, hieße
es: »Himmel und Erde küssen sich.« Wenn wir
in alle Himmelsrichtungen schauen, sehen wir
das gleiche Vorgang. Später wird auf den Sache
nochmals eingegangen.

Der weitere Text in der Bibel, geht von Orten
und Zeiten aus. In Kapitel 1, 26 heißt es, dass
Gott den Menschen schuf in seinem Bild. Und
er schuf sie als Mann und Frau. Weiter im Kapitel 2,5 heißt es: »Der Herr hat noch nicht regnen
lassen.« Der Schreiber wusste, was Regen ist.
Also wurde der Text später geschrieben. Auch
beim vorliegen Text, wo von »Tag und Nacht«
die Rede (Vers 18). Auch dieser Vorgang ist
längst bekannt. Dieser Text ist Teil vom siebten
Tag und der siebte Tag ist der Sabbat. Ziehen
wir einen kurzen Schluss. Es gibt die Sieben-

Tage-Woche, der Regenbogen hat sieben Farben und man kann ein Papier nicht mehr als siebenmal falten. Daher was als Schöpfung bekannt ist, ist keine. Die Vorgänge sind bekannt. Wenn Gott ewig ist, muss die Welt seit Ewigkeiten Bestand haben. Wäre das nicht so, wäre Gott nicht ewig.

In den Versen 10-14 wird der Garten in Eden beschrieben. Eigentlich müsste es heißen: »Land Eden.« (Der Begriff »Eden« heißt soviel wie »Wonne oder Wonneland«. Etymologisch kommt das Wort aus der altiranischen, awestischen Sprache; pairi daza steht für ein eingezäunte Fläche. Verwandt ist das hebräisch pards (in späteren biblischen Texten für »Baumgarten« oder »Park« bzw. »ein von einem Wall umgebener Baumpark«.)[10]

Das Baumland in Eden soll bewässert werden. Dazu dienen Flüsse.

- 1.Fluss: »Pison, der das Land Hawila umfließt.« Im 1. Buch Samuel 15,7: »Saul aber schlug die Amalekiter (im ganzen Gebiet) zwischen Hawila und der Gegend von Schur, das Ägypten gegenüberliegt.«
- 2.Fluss: »Gihon, welcher das Land Kusch um-

fließt.« Kusch oder Kasch = Nubien und ist derselbe Begriff.Gen 2,13

- 3.Fluss: ist der »Tigris, welcher östlich von Assur fließt.« Assur ist die Hauptstadt von Assyrien. Mit diesem Land beginnt die Geschichte der imperialen Großmächte. Legendär ist der König Assurbanipal. Um etwa dem 19. Jahrhundert (n.Chr.) hat man neue Informationsquellen erschlossen. Man fand Königspaläste, Wohnhäuser, Altäre und weitere Objekte.[1]

- 4.Fluss: »Eufrat.« Dieser Fluss wird nicht näher beschrieben. Man hätte erwartet, dass der Eufrat westlich von Assur fließt. Das Land zwischen beiden Flüssen nannten die Griechen Mesopotamien. In 5.Mose 1,7 steht: »Wendet euch und zieht hin, dass ihr zu dem Gebirge der Amoriter kommt und zu allen ihren Nachbarn im Jordantal, auf dem Gebirge und in dem Hügelland, im Südland und am Ufer des Meeres, ins Land Kanaan und zum Berge Libanon, bis an den großen Strom, den Euphrat.« So stellt der Fluss die Ostgrenze des alten Israels dar.

Baumland Eden

Die ersten beiden Flüsse umfließen das Baumland Eden. Das wird von den beiden anderen Flüssen nicht gesagt. Nach der obigen Bibelstelle wird das Land bis an den Eufrat beschrieben. So werden die beiden Flüsse das Baumland nicht umfließen, sondern durchfließen. Eine neuere Situation tut sich auf.

Jahre, Zeiten und Tod

Der Text soll zu den Faktoren Örtlichkeit und Zeit etwas sagen. Alle Texte wurden dem 5. Buch Genesis entnommen.

• Vers 5: »Die gesamte Lebenszeit Adams betrug neunhundertdreißig Jahre, dann starb er.«

• Vers 8: »Die gesamte Lebenszeit Sets betrug neunhundertzwölf Jahre, dann starb er.«

• Vers 11: »Die gesamte Lebenszeit des Enosch betrug neunhundertfünf Jahre, dann starb er.«

• Vers 14: »Die gesamte Lebenszeit Kenans betrug neunhundertzehn Jahre, dann starb er.«

• Vers 17: »Die gesamte Lebenszeit Mahalalels betrug achthundertfünfundneunzig Jahre, dann starb er.«

• Vers 20: »Die gesamte Lebenszeit Jereds betrug neunhundertzweiundsechzig Jahre, dann starb er.«

• Vers 23: »Die gesamte Lebenszeit Henochs betrug dreihundertfünfundsechzig Jahre.«   Vers 24: »Henoch war seinen Weg mit Gott gegangen, dann war er nicht mehr da; denn Gott hatte ihn aufgenommen.«

• Vers 27: »Die gesamte Lebenszeit Metuschelachs betrug neunhundertneunundsechzig Jahre, dann starb er.«

• Vers 31: »Die gesamte Lebenszeit Lamechs betrug siebenhundertsiebenundsiebzig[1] Jahre, dann starb er.«

• Mit zunehmenden Alter nehmen die biblischen Personen mit ihrem Lebensalter ab.

Psalm 90,10: »Unser Leben dauert siebzig Jahre, und wenn wir noch Kraft haben, dann auch achtzig Jahre. Und was uns daran so wichtig erschien, ist letztlich nur Mühe und trügerische Sicherheit. Denn schnell eilen unsere Tage vorüber, als flögen wir davon.«

---

[1]Dreimal die Zahl 7.

Die Akte Jesus

Wenn hier von Jesus und seiner *Wunder* die Rede ist, reden wir zunächst von dieser Welt, aber
auch gleichzeitig von einer fernen Welt, die sich
unserer Beobachtung entzieht. Alle vorliegen-
den Texte wurden dem Johannes-Evangelium
entnommen. Es sollen dabei keine *frommen* Reden geführt werden.

• 1. Wunder: Wasser wurde zu Wein

Standort ist die Hochzeit zu Kana (Johannes
2,1-10). Der Ort liegt rund 10 km von Naza-
reth entfernt, dem Geburtsort Jesu. Die Hochzeit dauerte sieben Tage (Richter 14,12). Wie
bei Hochzeiten üblich, wird Wein getrunken,
Musik gespielt und Reden geführt werden. Dabei steht das Hochzeitspaar im Vordergrund.
Es kann sich kaum vor Glückwünschen retten.
Irgendwann mangelte es an Wein (Genfer Über-
setzung). Sollte die Hochzeit Veranstaltung geschlossen werden oder sollte eine Gruppe von
rüstigen Männern mit schnellen Reitkamelen
zu einem Basar eilen, um Fässer von Wein zu
besorgen? Unter den Hochzeitgästen war ein
rüstiger Mann mit Bart und langen Gewand.

Der Mann hörte auf den Namen Jesu. In der
Ecke standen 6 Stück Krüge, wie sie beim jüdischen Opferdienst verwendet wurden. Jeder
Krug soll 100 Liter fassen. Jesu ließ vom Bedi-
enpersonal die Krüge mit Wasser füllen. Mit
einem Schöpflöffel verteilte er vom alten Wein
in die neuen Wasserkrüge. Jetzt bedarf es nur eine Zunahme von Zucker und Hefekulturen und
schon wäre der neue Wein fertig. Normalerweise dauert es 2-3 Woche, um Spuren von Wein
zu erhalten. Der neue Wein ist also eine Verkür-
zung der Zeit. Der Speisemeister ließ sich den
neuen Wein schmecken und sagte: »Donnerwet-
ter, warum habt ihr den besten Wein bis jetzt
aufgehoben?«

● **2. Wunder: Heilung aus der Ferne**

Jesus ging von Samaria wieder nach Kana in
Galiläa (Johannes 4,46-54). Dann betritt ein kö-
niglicher Beamter die Szene. Er kommt eigentlich aus Kaa-per-na-um, was rund 50 Kilometer
von Kana entfernt liegt. Er sagte zu Jesus: »Mein
Sohn liegt krank im Bett. Er hat starkes Fieber,
komm herab und rette ihn.« »Ich bin schon bei
vielen Ärzten gewesen, darunter Scharlatane,
Haus- und Hofprediger, Propheten und andere

Gaukler. Sie haben gerne Geld genommen, aber sie haben meinen Sohn nicht gesund gemacht.« Weiter führte der königliche Beamte aus. »Man sagt von dir, du hättest zum Allmächtigen, El Schaddai, gute Kontakte, deshalb komm herab und rette meinen Sohn.« Als Jesus ihm antwortete: »Dein Sohn ist gesund«, war zu hören, hier sprach jemand mit göttlicher Autorität.

Der Beamte glaubte den Worten Jesu. Er machte sich auf und ging nach Hause. Unterwegs kamen ihm seine Knechte entgegen und sagten freudig: »Dein Sohn lebt.« Der Beamte forschte nach, wann die Gesundung eingetreten wäre. Sie sagten zu ihm: »Es war gestern um die siebte Stunde.« So erfährt ein Kranker, dem Tode nahe, aus der Ferne Gesundung.[2]

• 3. Wunder: Heilung eines Kranken

Nach Johannes 5,1-16 gab es ein Fest der Juden in Jerusalem. Dort weilte auch Jesus. Anschließend zog er zum See Bethesda. Das übersetzt heißt *Fünf-Säulen-Halle*. Am Ufer lagen Verkrüppelte, Taube, Blinde und Abgezehrte. Dort lag auch ein Mann, der war 38 Jahre lang behindert. Er konnte nicht gehen. Man sah es

---

[2] Dass es die siebte Stunde war, ist kein Zufall!

dem Mann an, dass er keine Hoffnung mehr hatte. Die Mundwinkel waren nach unten gezogen. Die Augen waren vor Weinen gerötet. Eigentlich ein hoffnungsloser Fall.

Dieser See hatte eine Besonderheit: Immer, wenn das Wasser bewegt wurde, konnten Menschen, geheilt werden, wenn sie rechtzeitig das Seewasser betraten. Nur unser Kranker hatte keine Chance, in das bewegte Wasser hineinzutreten. Es gab auch keinen Menschen, der sich seiner erbarmt hätte. Dann betrat Jesus den Teich. Eigenartigerweise war an diesem Tag Sabbat. Nach 2. Mose 31, ab Vers 14 steht einiges dazu: »Jeder, der am Sabbat arbeitet, muss unbedingt getötet werden.«

Als Jesus mit dem kranken Mann zusammenkam, erbarmte er sich und fragte: »Willst du gesund werden?« Unser Kranker sagte: »Herr, ich habe keinen Menschen, der mich hinein bringt, wenn das Wasser bewegt wird.« Jesus fragte ganz lapidar: »Nimm deine Liegematte und geh umher!« Wer ist dieser Mann, der ein 38-jähriger Mann von Krankheit gequält, im Eiltempo heilte?

Zunächst wusste der ehemals Kranke nicht,

wer der war, der ihn gesund machte. Die Juden
sagten zu dem geheilten Mann: »Es ist dir nicht
erlaubt, am Sabbat die Liegematte zu tragen.«
Der Mann, der mich gesund gemacht hat, sagte zu mir: »Nimm deine Liegematte und geh
umher.« Die Juden fragten ihn, wer ist dieser
Mann?

Als der Geheilte und Jesus im Tempel war,
teilte er den Juden mit: «Dies ist Jesus, der mich
heilte». Seitdem verfolgten die Juden Jesus, um
ihn zu töten. Jesus war Herr des Sabbats!

• 4. Wunder: Speisung einer Volksmenge

Nach Johannes 6,1-13 trug sich das Zeichen
am Ostufer des Sees von Galiläa zu, den man
auch den See von Tiberias nennt. Jesus setzte sich mit seinen Jüngern auf einen naheliе-
genden Berg. Ein große Volksmenge, etwa 5000
Männer, lagerte sich unten am See, um die Wunder zu bestaunen, die er an Kranken tat. Jesus
fragte Philippus, «Wo können wir Brote kau-
fen, damit diese Leute satt werden?» Philippus
sprach von 200 Denare. Jesus fragte spekulativ,
denn er wusste, was er tun wollte. Dann kommt
Andreas zu Wort: »Hier ist ein Junge, der fünf
Gerstenbrote und zwei Fische hat.« (Zahl sie-

ben). Er fragte: «Aber was ist das schon bei so vielen Leuten?» Dann heißt es: Rund um den See gab es viel frisches Gras. Dort konnte man sich hinsetzen. Es war wohl Frühsommer. Jesus nahm die Brote und die Fische, sprach ein Dankgebet. Dann durfte jeder soviel essen, wie man wollte. Es blieben sogar noch 12 Körbe übrig (Die 12Stämme Israels?). Das Wunder erinnert an die Hochzeit zu Kana. Auch an diesem Ereignis wurde etwas Vorhandenes in kurzer Zeit vermehrt.

• 5. Wunder: Auferweckung des Lazarus

Als Jesus (Johannes 11,17-44) in Bethanien, einem Ort etwa drei Kilometer östlich von Jerusalem, an kam, traf er dort die Schwestern Maria und Martha. Ihr Bruder Lazarus war seit vier Tage tot und lag in einer Grabhöhle. Martha sagte zu Jesus: »Herr, wenn du rechtzeitig gekommen wärst, wäre mein Bruder nicht gestorben, denn ich weiß, dass Gott dir die Dinge des Lebens gelingen lässt.«

Der Mann mit Bart und langen Leibrock, eben Jesus, sagte: »Die Krankheit wird nicht zum Tod führen, sondern Gott soll verherrlicht werden.« Jesus blieb nach zwei Tage in Bethanien. Er sagte zu seinen Jüngern: » Lasst uns nach Judäa ziehen!« Die Jünger sagten zu ihm: »Rabbi, eben noch wollten die Juden dich steinigen, und du begibst dich wieder dorthin?«

Die Leute aus der Stadt kamen, um die beiden Schwestern zu trösten. Die Juden waren auch dabei, als Jesus von Martha zur Gruft geführt wurde. Sie sagten, als man den Verschlussstein von der Grabhöhle beseitige, »bedenke Herr, der Tote stinkt schon.« Jesus sagte: »Ich bin die Auferstehung und das Leben!« Dann sagte Jesus : »Lazarus komm heraus!« Dann trat etwas ein, was man nicht erwarten konnte. Lazarus trat als Lebender aus der Grabhöhle heraus. Er ist vom Tod zu Leben hinüber getreten.

• **Vom Tod zum Leben** Das Leben, den Tod und die Auferstehung Jesu zu beschreiben, heißt das große Ereignis der Weltgeschichte in Vordergrund zu stellen.

• Johannes 12,23-24: Jesus gab ihnen zur Antwort: »Die Zeit ist gekommen, wo der Menschensohn in seiner Herrlichkeit offenbart wird. Ich sage euch: Wenn das Weizenkorn nicht in die Erde fällt und stirbt, bleibt es ein einzelnes Korn. Wenn es aber stirbt, bringt es viel Frucht!«

• Johannes 19,17-20: Er trug sein Kreuz selbst aus der Stadt hinaus zur Schädelstätte; die auf hebräisch Golgatha heißt. Dort kreuzigte sie ihn und mit ihm zwei andere mit ihm. Jesus hing in der Mitte. Pilatus ließ ein Schild ans Kreuz bringen mit der Aufschrift: »Jesus von Nazaret, König der Juden.« Dieses Schild wurde von vielen Juden gelesen; denn der Ort, an dem Jesus gekreuzigt wurde, war außerhalb der Stadt. Die Aufschrift war hebräisch, lateinisch und griechisch verfasst. Denn Jesus durfte nicht in Jerusalem beerdigt werden.

• Johannes 19,38-40: Nun ging Josef, ein Mann aus Arimatäa, zu Pilatus und bat ihn, den Leichnam Jesu vom Kreuz abnehmen zu dürfen. Als er von Pilatus die Erlaubnis bekam, ging er zum Hinrichtungsplatz und nahm den Leichnam Jesu ab. Auch Nikodemus, der Jesus am Anfang einmal bei Nacht aufgesucht hatte, war gekommen. Er brachte etwa hundert Pfund einer Mischung von Myrrhe und Aloe mit. Die beiden Männer nahmen den Leichnam Jesu und wickelten ihn unter Beigabe der wohlriechen-

den Öle in Leinenbinden, wie es der jüdischen
Begräbnissitte entspricht.

• Johannes 20,1-10: Am ersten Tag der neuen
Woche, frühmorgens, als es noch dunkel war,
ging Maria aus Magdala zum Grab. Sie sah,
dass der Stein, mit dem man das Grab verschlos-
sen hatte, nicht mehr vor dem Eingang stand.
Da lief sie zu Simon Petrus und zu dem Jünger,
den Jesus besonders lieb gehabt hatte, und sie
berichtete ihnen: »Sie haben den Herrn aus dem
Grab weggenommen, und wir wissen nicht, wo-
hin sie ihn gebracht haben.« Sofort machten
sich Petrus und der andere Jünger auf den Weg
und gingen zum Grab hinaus. Die beiden liefen zusammen los, aber der andere Jünger war
schneller als Petrus und erreichte das Grab als
Erster. Er beugte sich vor, um hineinzuschau-
en, und sah die Leinenbinden daliegen; aber
er ging nicht hinein. Simon Petrus jedoch, der
inzwischen auch angekommen war, ging in die
Grabkammer hinein. Er sah die Leinenbinden
daliegen und sah auch das Tuch, das man dem
Toten um den Kopf gewickelt hatte, lag zusam-
mengerollt an einer anderen Stelle, nicht bei
den Binden. Jetzt ging auch der Jünger, der zu-

erst angekommen war, ins Grab hinein und sah
alles. Und er glaubte. Nach der Schrift stand
es ja fest, dass Jesus von den Toten auferstehen
würde; aber das verstanden sie damals noch
nicht. Nun gingen die Jünger wieder heim.

• **Die Auferstehung** Bei der Auferstehung von
Lazarus war die Auferstehung von Jesu eine
logische Folge. Auch hier spielt Zeit und Örtlichkeit eine Rolle. Jesus war Herr der Zeit und
der Welt. Die Kreuzigung Jesus fand laut Mar-
kus 15,25 um die dritte Stunde statt. Nach unserer Zeitrechnung dürfte es sich um 9.00 Uhr
gehandelt haben. Nach Kapitel 15,33 kam eine Sonnenfinsternis über das Land, sie dauerte
bis zur neunten Stunde. Das dürfte gegen 15.00
Uhr gewesen sein. Das war am Karfreitag. Bis
um Mitternacht sind es noch 15 Stunden. Beim
folgenden Samstag sind es 24 Stunden. Also
blieb Jesu rund 40 Stunden in der Grabkammer.
Am ersten Tag der Woche war Jesus von den
Toten auferstanden. Wie zu sehen ist, wurden
die verschiedenen Wunder an verschiedenen
Zeiten und Orten ausgeführt.

Sollte jemand an Jesus glauben, dessen Seele
geht zum ewigen Leben über. Was sagte Jesus

zum ungläubigen Thomas. Dann wandte er sich
ihm zu: »Leg deinen Finger auf diese Stelle hier
und sieh dir meine Hände an!«, forderte er ihn
auf. »Reich deine Hand her und leg sie in meine
Seite! Und sei nicht mehr ungläubig, sondern
glaube« (Johannes 20,27). Wer oder was ist Gott?
Jesus hat Gott geoffenbart. Sehen wir auf Jesus
Christus, haben die den Allmächtigen vor uns!

KAPITEL 5
ZEITEN UND UMWELT

»Eigentlich ist es ein Ding der Unmöglichkeit: Ein ganzes Jahrzehnt, 120 Monate, 3.560 Tage darzustellen. Noch nicht einmal ein Bild pro Monat. In einer Zeit, in der Fotos massenhaft zur Verfügung stehen. (Die Artikel 2010 bis 2019 wurden der Zeitschrift ›Tagesspiegel‹ entnommen.)«

Das Jahr 2010:

Am 20. Januar um 16:53 Ortszeit bebt in Haiti die Erde. Über 300.000 Menschen sterben, 1,85 Millionen Menschen werden obdachlos. Neben über einer Milliarde an Hilfsgeldern werden dem Land durch den IWF sämtliche Schulden in Höhe von 268 Millionen Euro erlassen. Bis heute prägt die Katastrophe weite Teile des Landes.

Am 20. März bricht auf Island der Eyjafjallajökull aus. Wochenlang spuckt der Vulkan Aschewolken in den Himmel. Es folgt das größte Chaos in Europas Luftfahrtgeschichte. Wochenlang können Flugzeuge nur eingeschränkt starten und landen.

20. April: Die Ölbohrinsel »Deepwater Horizon« des Mineralölunternehmens BP explodiert. Elf Arbeiter kommen ums Leben. Monatelang läuft Erdöl aus dem Bohrloch in den Golf von Mexiko und verursacht die schwerste Ölpest der Geschichte. Das Justizministerium verhängt eine Geldstrafe über 4,5 Milliarden US-Dollar - die höchste jemals geforderte Strafe für ein Umweltdelikt.

Mit dem Song »Satelite« gewinnt Lena Meyer-Landrut am 29. Mai den Eurovision Song Contest. Die von Stefan Raab entdeckte Sängerin hatte sich in der Castingshow »Unser Star für Oslo« durchgesetzt.

Am 31. Mai ist Deutschland vorübergehend ohne sein höchstes Staatsamt. Bundespräsident Horst Köhler hat seinen Rücktritt wegen einer umstrittenen Äußerungen erklärt. Die Unterstellung, er befürworte grundgesetzwidrige Einsätze der Bundeswehr zur Sicherung von Wirtschaftsinteressen, entbehre jeder Rechtfertigung, sagte er.

Juni 2010: Nach dem magischen Sommermärchen von 2006 hofft man in Fußballdeutschland, dieses Mal den Titel zu gewinnen. In Südafrika kämpft sich die Elf von Jogi Löw erfolgreich bis ins Halbfinale vor, doch im Halbfinale platzt erneut der Titeltraum. Wie schon 2008 muss sich Deutschland dem späteren Weltmeister Spanien mit 0:1 geschlagen geben. Deutschland gewinnt im Spiel um Platz 3 gegen Urugay mit 3:2 und geht mit Bronze nach Hause.

Am 24. Juli kommt es in Duisburg zur Katastrophe. Durch fehlerhafte Planung entsteht während der Loveparade eine Massenpanik, bei der 21 Menschen ums Leben kommen und 541 Personen teilweise schwer verletzt werden. Bis 2014 nehmen sich sechs Überlebende wegen posttraumatischer Belastungsstörungen das Leben. Es ist das unrühmliche Ende einer großen Techno-Tradition. Im Februar 2019 werden Strafverfahren gegen sechs Beschuldigte der Stadt

Duisburg endgültig eingestellt - ein eindeutiges Fehlverhalten konnte nicht nachgewiesen werden.

Im Spätsommer 2010 spaltet ein Buch die Nation. "Deutschland schafft sich ab - Wie wir unser Land aufs Spiel setzen"des ehemaligen Berliner Finanzsenators Thilo Sarrazin, kommt am 30.August auf den Markt und löst eine kontroverse Debatte über Integration aus.

Ende September eskalieren die Proteste um das Bauprojekt Stuttgart 21. Die Landesregierung will den alten Bahnhof abreißen und unter die Erde verlegen. Der Demonstrant Dietrich Wagner wird von einem Wasserwerfer direkt ins Gesicht getroffen. Sein Fall wird zum Symbol für die übertriebene Polizeigewalt des konservativen Landesregierung um Ministerpräsident Mappus. 2011 löst der Grüne Winfried Kretschmann die 58-jährige CDU-Regentschaft ab.

Im Dezember beginnt in Tunesien der Arabische Frühling. Nachdem sich ein Gemüsehändler in Sidi Bouzid aus Protest selbst anzündet, gehen landesweit tausende Menschen auf die Straße und protestieren gegen das autoritäre Regime von Präsident Ben Ali. Über soziale Medien breiten sich die Proteste schnell in der gesamten arabischen Welt aus. In Folge der wochenlangen Ausschreitungen kommt es zu vielen Toten und Verletzten. Am 14. Januar tritt Diktator Ben Ali zurück und flieht außer Landes.

Das Jahr 2011:

In Ägypten muss Präsident Mubarak zurücktreten. In Syrien beginnt ein grausamer Bürgerkrieg. Und ein auffälliger Wohnwagen löst die größte Krise der deutschen Sicherheitsbehörden aus.

Der Arabische Frühling breitet sich von Tunesien aus über die gesamte arabische Welt aus. Auch die Ägypter gehen zu Tausenden auf die Straße und kämpfen für demokratische Reformen in ihrem Land. Präsident Mubarak setzt auf die Stärke seines Polizeistaates und geht mit aller Härte gegen die Demonstranten vor. Woche für Woche harren Demonstranten auf dem Tahrir-Platz in Kairo aus, der zum Symbol für den Widerstand geworden ist. Am 11. Februar wird der Druck der Straße zu groß - Mubarak tritt zurück.

Am 17. Februar beginnen auch in Libyen Proteste und Demonstrationen gegen Machthaber Muammar al-Gadafi. Das Land stürzt ins Chaos, Teile der Machtelite schließen sich der Opposition an. Es kommt zum Bürgerkrieg. Im März greifen die USA, Frankreich und Großbritannien in den Konflikt ein - Deutschland hatte sich im Sicherheitsrat überraschend enthalten. Erst im Oktober wird Gadafi in seiner Geburtsstadt Sirte von Oppositionellen aufgespürt und anschließend getötet. Die genauen Todesumstände sind bis heute ungeklärt.

2011 steht weiterhin im Zeichen der Eurokrise. Das hochverschuldete Griechenland bekommt ein weiteres Hilfsprogramm zugesprochen. Das Land wird einem strikten Kon-solidierungs- und Privatisierungsplan unterworfen. Das Land erlebt eine schwere politische, finanzielle und auch gesellschaftliche Krise.

Bereits im März kommt es auch in Syrien zu Protesten gegen die Regierung von Präsident Baschar al-Assad. Innerhalb weniger Wochen eskaliert der Konflikt. Verschiedene Gruppierungen kämpfen um die Vorherrschaft in dem hoch entwickelten Land. Mehrere Millionen

Menschen fliehen vor der Gewalt. Die Vereinten Nationen gehen davon aus, dass bis zu 500.000 Menschen in dem Bürgerkrieg umgekommen sind.

Am 1. März tritt Bundesverteidigungsminister Karl-Theodor zu Guttenberg zurück. Zuvor war bekannt geworden, dass weite Teile seiner Doktorarbeit plagiiert sind. Der CSU-Politiker hatte dies wochenlang bestritten. Der Shooting-Star zieht sich daraufhin vollständig aus der Politik zurück.

Am 11. März trifft Japan ein Seebeben der Stärke 8.9. Die anschließende Flutwelle, im Japanischen auch Tsunami (»große Welle im Hafen«) genannt, trifft mit Wucht auf das Festland. Bereits infolge des starken Bebens kommt es im Kernkraftwerk Fukushima-Daiichi zur Kernschmelze. Das Ereignis sorgt internationale für Bestürzung und erhöhte Skepsis gegenüber der Kernenergie. Mehrere Länder, unter anderem auch Deutschland beschließen aufgrund der Ereignisse, aus der Kernenergie auszusteigen.

Am 2. Mai spüren amerikanische Special Forces den Islamistenführer Osama Bin Laden in Abbottabad in Pakistan auf und töten ihn. Bin

Laden, der mutmaßlich hinter den Anschlägen vom 11. September steckt, galt jahrelang als Staatsfeind Nummer eins der USA.

Die „Atlantis" kommt von ihrem letzten Einsatz zurück. Das US-Raumschiff landet am 21. Juli am Kennedy Space Center in Florida. Damit endet eine lange Ära der Raumfahrt. Obama hatte die Mission aus finanziellen Gründen auf Eis gelegt.

Am 23. Juli steht ganz Norwegen unter Schock: Der Neonazi Andreas Breivik tötet 69 Menschen auf der Insel Utöya. Seine Opfer sind Teilnehmer eines Jugendcamps der norwegischen Sozialdemokraten. International verurteilen Politiker aller Lager die Tat auf Schärfste. Breivik wird zu lebenslanger Haft verurteilt. Bis heute berufen sich Rechtsterroristen auf seine Tat.

Als Polizisten am 4. November bei einem Routineeinsatz einen verdächtigen Wohnwagen kontrollieren, geraten sie unter Beschuss. Eine Polizistin stirbt. In dem Wohnwagen entdecken Ermittler später die Leichen der Neonazis Uwe Mundlos und Uwe Böhnhardt. Zehn Jahre lang hatten die Rechtsradikalen gemeinsam mit ihrer Partnerin Beate Zschäpe insgesamt

12 Menschen ermordet - ohne dass die Behörden davon wussten. In Folge der Ermittlungen wird deutlich, dass die Sicherheitsbehörden jahrelang Hinweisen nicht nachgingen.

Das Jahr 2012:

Das Amt des Bundespräsidenten entwickelt sich zum heißen Stuhl. In London wird es olympisch und in Warschau lässt ein Italiener seine Muskeln spielen. Hurrican Sandy verwüstet die Ostküste der USA und die EU wird mit dem Friedensnobelpreis ausgezeichnet.

Es begann mit kritischen Berichten der Bildzeitung gegen ihn. Dann griff Bundespräsident Christian Wulff zum Hörer und rief bei Kai Diekmann persönlich an. Am 17. Februar erklärte er seinen Rücktritt. Es war die kürzeste Amtszeit (17 Monate) eines Bundespräsidenten in der Geschichte der Bundesrepublik.Ganz anders sieht es bei der Queen aus. Im Februar feiert die Regentin ihr 70. Thronjubiläum.

Am 18. März wird Joachim Gauck von der Bundesversammlung zum neuen Bundespräsidenten gewählt. Der frühere Leiter der Stasi-Unterlagenbehörde war bereits 2010 von der

SPD vorgeschlagen worden. Er ist bis heute das einzige deutsche Staatsoberhaupt, das keiner Partei angehört.

Noch im Mai hatte Flughafenchef Rainer Schwarz getönt, bald würde der größte Arbeitgeber Ostdeutschlands eröffnen. Dabei war zu diesem Zeitpunkt längst klar, dass der Flughafen BER wegen mangelhafter Verkabelung und fehlender Brandschutzanlage nicht wird eröffnen können. Der 3. Juni 2012 wird ein schwarzer Tag für die Berliner- und Brandenburger Landesregierung - und auch fast acht Jahre später ist noch kein Ende in Sicht.

Bei der EM 2012 in Polen und der Ukraine zählt Deutschland erneut zu den Favoriten. Doch erneut ist im Halbfinale Schluss. Mario Balotelli netzt doppelt ein und posiert anschließend in beeindruckender Pose.

Von Juli bis August finden die 30. Olympischen Sommerspiele in London statt. Es nehmen 10.520 Athleten aus 204 Ländern teil. Die USA führen den Medaillenspiegel mit 103 Medaillen an, gefolgt von China und Großbritannien. Deutschland erreicht den sechsten Platz. Am 27. Oktober tobt Hurrican Sandy über die

amerikanische Ostküste. Mit einem Durchmes-
ser von fast 1800 Kilometern ist das Sturmgebiet
das ausgedehnteste jemals gemessene im Atlan-
tik.

74 Menschen sterben bei der Naturkatastro-
phe, Millionen Haushalte sind ohne Wasser und
ohne Strom. Zum erstem Mal seit 27 Jahren
muss die New Yorker Börse aus Sicherheits-
gründen geschlossen werden.

Im Dezember stimmen die Ägypter über eine neue Verfassung ab. Die Moslembrüder do-
minieren zunächst das politische Feld, bis das
Militär erneut die Macht übernimmt.

Am 10. Dezember bekommt die Europäische
Union den Friedensnobelpreis verliehen. Die
EU war unter dem Eindruck des 2. Weltkrieges
gegründet worden und sollte Frieden und Sta-
bilität sichern. Mit Erfolg, wie 70 Jahre Frieden
zeigen.

Das Jahr 2013:

Während der Pontifex in Rente geht, erblickt in
Deutschland eine neue Partei das Licht der Welt.
In Ägypten wird erneut geputscht - und ein
junger Informatiker aus South Carolina macht

sich zum neuen Staatsfeind Nummer Eins.

Am 27. Februar verkündet Joseph Ratzinger beziehungsweise Papst Benedikt XVI. seinen überraschenden Rückzug. Das letzte Mal, dass der Pontifex freiwillig abgedankt hat, ist lange her - im Jahr 1294 zog Papst Coelestin V. es vor, Rom den Rücken zu kehren und wieder als Einsiedler zu leben. Sein Nachfolger wird der Argentinier Jose Mario Bergoglio, der den Namen Franziskus annimmt. Es ist der erste Nicht-Europäer, der zum Pontifex bestimmt wurde.

Im Verlauf des Jahres 2013 gewinnt der Islamische Staat zunehmend an Einfluss. Die salafistische Terrororganisation hat seine Macht inzwischen auf weite Teile des Irak sowie des vom Bürgerkrieg geschwächten Syrien ausgeweitet.

Der 14. April wird das politischen System in Deutschland nachhaltig verändern. In Berlin findet der Gründungsparteitag der Alternative für Deutschland statt. Die Partei fordert den Ausstieg aus dem Euroraum und die Rückkehr zur D-Mark. Parteigründer und Chef Bernd Lucke provoziert bereits früh mit rechten Parolen

und spricht von einer »entarteten Demokratie«.
Zwei Jahre später wird er von seiner Partei vor
die Tür gesetzt.

Am 15. April um kurz vor drei detonieren
zwei Sprengsätze auf dem Boston-Marathon.
Drei Menschen sterben, 264 werden verletzt.
Die zwei Brüder Dschochar und Tamerlan Zar-
najew lieferten sich eine wilde Verfolgungsjagd,
wo der ältere der beiden Brüder getötet wurde.
Der andere sitzt aktuell in einer Todeszelle.

Die politische Aufarbeitung des NSU-Skandals
hat begonnen. Der später wegen des Besitzes
von Kinderpornographie verdächtigte Sebas-
tian Edathy (SPD) leitet den Untersuchungs-
ausschuss zum Versagen der Sicherheitskräfte
- und stößt auf Schweigen sowie geschwärzte,
geschredderte oder verschlossene Akten. Am
6. Mai beginnt in München der Gerichtspro-
zess gegen Beate Zschäpe sowie fünf weitere
Hitverdächtige. Der Prozess wird sich fünf Jahre hinziehen und insgesamt 1.200 Aktenordner
füllen.

Im Jahr 2013 wird der Fernbusverkehr in
Deutschland liberalisiert. Das Personenbeförde-
rungsgesetz hatte der Bahn lange Zeit ein Privi-

leg eingeräumt. Der Markt explodiert förmlich, bis Ende des Jahres ist das Fahrgastaufkommen um 173 Prozent gestiegen.

In der Türkei formiert sich Widerstand gegen die von Präsident Erdogan zunehmend autoritär betriebene Politik. Im Gezi-Park in Istanbul entladen sich im Juni die Proteste, als Pläne bekannt werden, den Park zu bebauen.

Diese Nachricht bringt die Weltordnung ins Wanken: der ehemalige NSA-Mitarbeiter Edward Snowden deckt über den Journalisten Glenn Greenwald die umfassende Überwachung des Internets durch amerikanische Geheimdienste auf. Mit viel Glück kann Snowden sich absetzen und nach Russland fliehen. Der Skandal löst international eine kontroverse Debatte aus. Auch das Handy der Kanzlerin ist überwacht worden. »Ausspähen unter Freunden, das geht gar nicht!« kommentiert die Regierungschefin.

Ägypten kommt über zwei Jahre nach der Revolution nicht zur Ruhe. Der demokratische gewählte Präsident Mursi wird am 3. Juli abgesetzt und von einem Strafgericht angeklagt. Das Militär übernimmt die Macht - alles bleibt beim alten.

Die Bundestagswahl im September 2013 steht ganz im Zeichen der Raute - die CDU fährt mit 41,5 Prozent das beste Ergebnis unter Angela Merkel ein. Die AfD scheitert knapp an der Fünf-Prozent Hürde, ebenso die FDP, die erstmalig nicht mehr im Bundestag vertreten ist. Die SPD kann leicht dazu gewinnen und kommt auf 25, 7 Prozent. Trotz rechnerischer rot-rot-grüner Mehrheit entscheidet sich die Parteiführung für die zweite große Koalition innerhalb von zehn Jahren. Eine Basisabstimmung gibt endgültig grünes Licht für das Kabinett Merkel III.

Im Dezember kommt es auf dem Maidan in Kiew zu schweren Ausschreitungen zwischen pro-russischen Separatisten und pro-europäischen Ukrainern. Der Konflikt heizt sich weiter auf, ein Bürgerkrieg bricht aus.

Das Jahr 2014:

Es ist ein schreckliches Jahr für die internationale Luftfahrt und ein fantastisches Jahr für den Deutschen Fußball. Während sich die humanitäre Krise im Nahen Osten allmählich in Europa bemerkbar macht, beginnen in Dresden die Montagsspaziergänge.

Noch im Januar scheint die Welt in Ordnung. Bei den Olympischen Winterspielen in Sotschi präsentiert sich Russland als weltoffener und freundlicher Gastgeber. Kurz darauf wird die ukrainischen Halbinsel Krim besetzt. Ein Referendum bestätigt: Die Mehrheit der Bevölkerung möchte zu Russland gehören.

Am 8. März verschwindet eine Boeing 777 der Malaysia-Airlines spurlos vom Radar. Bis heute konnten Wrack und Flugschreiber nicht ausfindig gemacht werden. Die 239 Passagiere wurden offiziell für tot erklärt.

Im Juni beginnt die Fußball-WM in Brasilien. Auf der Fanmeile fiebern tausende der Deutschen Mannschaft entgegen, die sich in seiner Gruppe souverän gegen Portugal, Ghana und die USA durchsetzt. Im Halbfinale deklassiert der spätere Weltmeister Gastgeber Brasilien mit 7:1. In den Minuten 23 bis 29 bricht die brasilianische Defensive vollständig auseinander und kassiert vier Gegentore.

Im Finale in Rio steht es bis zur 90. Minute 0:0, bis Mario Götze in der Verlängerung den Ball volley ins Tor befördert und ganz Deutschland in Jubel ausbricht. Vor dem Brandenburger Tor feiert die Mannschaft gemeinsam mit den Fans den vierten Stern. Ihr Siegesslogan: »So gehen die Deutschen!« wird nicht überall mit Begeisterung aufgenommen.

Am 17. Juli stürzt erneut ein Flugzeug ab - und wieder ist die Malaysia Airlines betroffen. Der Flug MH17 wird von einer russischen Buk M1 Rakete abgeschossen. Alle 298 Insassen sterben. Russland erlebt eine seine schwersten diplomatischen Krisen, der Konflikt in der Ukraine droht zu eskalieren.

Im Laufe des Jahres hat sich das Einflussgebiet des Islamischen Staates weiter vergrößert. Die Terrormiliz kontrolliert Teile Syriens und des Iraks. Es mehren sich Berichte von Massakern gegenüber der Zivilbevölkerung, insbesondere die Jesiden werden vertrieben. Millionen weiterer Menschen sind auf der Flucht.

Flüchtlinge aus dem Nahen Osten erreichen mehr und mehr das europäische Festland. Die Migrationsbewegungen werden in Deutschland in den kommenden Jahren immer wieder zu Debatten führen. Am 13. September wird in Thüringen gewählt. Zum ersten Mal in der Geschichte der Bundesrepublik stellt die Linkspartei einen Ministerpräsidenten. Bodo Ramelow kommt auf 28,2, Prozent und bildet eine rot-rot-grüne Regierung.

In einigen westafrikanischen Staaten bricht Ebola aus. Laut WHO infizieren sich über 28.000 Menschen mit dem Virus, von den 11.316 an der Epidemie sterben. Zum Ende des Jahres wirft ein weiteres Ereignis seinen Schatten voraus. Die islamfeindliche Pegida-Bewegung um den mehrfach vorbestraften Lutz Bachmann wird gegründet. In Dresden, dem Zentrum der Bewegung, kommen mehrere tausend Leute zu sogenannten Montagsspaziergängen zusammen.

Das Jahr 2015:

Europa wird von heftigen Anschlägen erschüttert. Gleichzeitig erreicht die Flüchtlingskrise ihren Höhepunkt. Es ist der vielleicht ereignisreichste Abschnitt des Jahrzehnts, das den Lauf der nächsten Jahre nachhaltig prägen wird.

Die Satirezeitschrift Charlie Hebdo wird am 7. Januar Opfer eines brutalen Anschlags. Zwei Al-Qaida Terroristen dringen in das Verlagsgebäude ein und töten elf Personen. Auf der ganzen Welt solidarisieren sich Menschen mit den Mitarbeitern der Zeitschrift.

In Syrien wird die Stadt Kobane von kurdischen Milizen befreit. Im Verlauf des Jahres greift ebenfalls die Türkei in den Konflikt ein - und nutzt die Gelegenheit, auch die PKK zu attackieren.

Der unter Depressionen leidende Germanwings-Kapitän Andreas L. steuert einen Airbus A320 in die französischen Alpen. Alle 150 Passagiere sterben.

Die Flüchtlingskrise hat ganz Europa erfasst. Über die Balkanroute und übers Mittelmeer fliehen Hunderttausende vor Krieg, Elend und Armut ins wohlhabende Europa. In Deutschland erfahren Sie zunächst eine Welle der Solidarität.

Doch viele überleben die gefährliche Reise nicht. Am 2. September verunglückt ein Schiff auf dem Mittelmeer. Das Foto des ertrunkenen zweijährigen Alan Kurdi geht um die Welt.

»Wir schaffen das« - ein einfacher Satz, der den gesamten Sommer heiß diskutiert wird. Merkel lässt Geflüchtete aus Ungarn einreisen und wird dafür gefeiert - und angefeindet.

Ab dem 18. September steht die VW-Zentrale

in Wolfsburg Kopf - der Dieselskandal beginnt.
Der Konzern hatte jahrelang eine illegale Ab-
schalteinrichtung in ihre Dieselfahrzeuge ein-
gebaut, um die rechtlichen Abgasnormen zu
erfüllen. Es ist ein massiver Imageverlust für
das deutsche Traditionsunternehmen und die
gesamte Wirtschaft an sich.

Erneut ist Paris Angriffsziel des islamisti-
schen Terrorismus. Am 13. November werden
mehrere Orte koordiniert angegriffen. 130 Menschen sterben, 683 werden verletzt. Frankreichs
Präsident Hollande spricht von einem kriegeri-
schen Akt.

Das Jahr 2015 war das wärmste Jahr der Wetteraufzeichnungen - die internationale Staatengemeinschaft einigt sich daher im Pariser Kli-
mavertrag, die globale Erwärmung auf maximal
1,5 Grad Celsius zu begrenzen. Passiert ist seitdem wenig - die darauf folgenden Jahre werden
noch wärmer.

In der Silvesternacht kommt es auf der Kölner
Domplatte zu massiven Übergriffen von nord-
afrikanischen Männern. Es ist das unrühmliche
Ende der nationalen Solidarität mit geflüchteten
Menschen. Innerhalb der kommenden Monate

kippt die Stimmung im Land merklich.

Das Jahr 2016:

Während in Syrien der Bürgerkrieg weitertobt, geht in Europa auf politischer Ebene einiges durcheinander. In den USA tritt das Unmögliche ein und ein Gedicht eines Comedian löst eine Staatskrise aus.

Der britische Musiker David Bowie stirbt zum Beginn des Jahres an einem Krebsleiden. Seine erst vor wenigen Tagen veröffentlichte Platte »Blackstar« wird ein großer Erfolg. In Berlin versammeln sich Trauende vor der Hauptstraße 155 in Schöneberg, um an den Allround-Künstler zu erinnern. Bowie hatte in den 1970er Jahren lange in Berlin gewohnt.

Neben Fidel Castro, Guido Westerwelle, Prince und vielen weiteren stirbt auch der Schriftsteller und Intellektuelle Roger Willemsen im Jahr 2016.

Ein etwa 2,6 Terabyte große Datenleck bringt am 3. April einen der größten Finanzskandale der Geschichte ans Licht. Die Panama Papers decken systematischen Betrug des Finanzkapitals auf. Den Enthüllungen folgen mehrere

Rücktritte und Affären in hohen politischen
Kreisen. Ein »Schmähgedicht« des Satirikers
Jan Böhmermann löst eine schwere diplomati-
sche Krise aus. Der angesprochene Präsident
Erdogan ist not amused, die Bundesregierung
schaltet sich mit einer unglücklichen Kommen-
tierung ein. Böhmermann wird wegen Maje-
stätsbeleidigung angeklagt. Kurz darauf wird
der entsprechende Paragraph aus dem Deutschen Strafgesetzbuch entfernt. Ein Ereignis,
das die politische Welt in Europa verändert:
Am 23. Juni stimmen die Briten überraschend
für den Austritt aus der Europäischen Union -
allen Umfragen zum Trotz. Premier Cameron
tritt zurück, Theresa May übernimmt und hat
die undankbare Aufgabe, einen Deal auszuhan-
deln, für den es im Parlament keine Mehrheit
gibt. In der Türkei kommt es in der Nacht vom
15. Juli zu einem Putsch, den Präsident Erdogan
mit aller Gewalt niederschlagen lässt. Daraufhin
beginnt eine politische Säuberungswelle durch
die Institutionen des Landes. Tausende Richter, Staatsanwälte und Staatsbedienstete werden entlassen, da sie verdächtigt werden, der
Gülen-Bewegung anzugehören.

Nach über 50-jährigem Bürgerkrieg gibt es in Kolumbien endlich Frieden. Die FARC geben ihre Waffen ab und formieren sich in eine politische Partei um. Für Präsident Santos ist es die Erfüllung eines Lebenstraumes.

Niemand, absolut niemand hatte es für möglich gehalten. Doch am 8. November wird Donald Trump Präsident der USA - und nicht Hillary Clinton, wie sämtliche Meinungsforschungsinstitute vorausgesagt hatten. Das liberale Amerika steht unter Schock.

Am 12. Dezember rücken Regierungstruppen von Assad in die völlig zerstörte Stadt Aleppo ein. Unter dem Hashtag # PrayforAleppo nehmen Millionen Menschen Anteil am Leid der Menschen. Bei der Militäroperation kommen viele Zivilisten ums Leben. Der islamistische Terrorismus hatte jahrelang vor Deutschland halt gemacht. Am 19. Dezember rast ein LKW in einen Weihnachtsmarkt am Berliner Breitscheidplatz und tötet 12 Menschen.

Das Jahr 2017:

Nach dem politisch schwierigem Vorjahr versucht sich Europa wieder zu sammeln. Eine neue Bewegung fegt die französischen Sozialisten hinfort und in Deutschland bringt die Bundestagswahl zunächst viel Kopfzerbrechen.

Während alle in das neue Jahr hineintanzen, dringt ein bewaffneter Angreifer in den größten Nachtclub Istanbuls ein und tötet 37 Menschen.

Am 27. Februar wird Deniz Yücel in Istanbul wegen angeblicher Terrorpropaganda verhaftet. Fast ein Jahr bleibt der Korrespondent der Zeitung »Die Welt« im Gefängnis, alle diplomatischen Bemühungen Deutschlands scheitern. Der Vorfall ist ein vorläufiger Tiefpunkt in den Beziehungen zwischen Deutschland und der Türkei.

Martin Schulz wird am 19.3. mit 100 Prozent zum Spitzenkandidaten der SPD gewählt. In der Folge schießt die SPD in Umfragen nach oben, die AfD rutscht auf sieben Prozent ab. Taktische Fehler und ein schlechtes Wahlkampfmanagement stoppen den »Schulzug«, bevor er richtig losgelegt hat. Am Ende wird es kein gutes Jahr für die Sozialdemokratie.

Davon können die Franzosen ein Lied singen. Die neue Bewegung »En Marche« des früheren Sozialisten Emmanuel Macron pulverisiert die französische Linke. Der junge, reformorientierte Politiker gewinnt die Wahlen vom 19. April und wird Präsident.

Donald Trumps Politik ist im ersten Jahr vor allem eins: unberechenbar. Der Präsident kündigt am 1. Juni an, aus dem Pariser Klimaabkommen auszusteigen. Er selbst glaubt nicht an den menschengemachten Klimawandel.

Für Schwule und Lesben ist der 30. Juni ein historischer Tag. Der Bundestag beschließt in einer freien Abstimmung die Ehe für Alle. Nahezu alle Fraktionen stimmen dem Vorschlag zu - außer weite Teile der CDU.

Anfang Juli beginnt der G20-Gipfel in Hamburg. Es wird der größte Polizeieinsatz der bundesrepublikanischen Geschichte. Die Polizei geht mit massiver Gewalt gegen die Demonstranten vor, die Demonstraten reagieren ihrerseits mit Gewalt. Innerhalb weniger Tagen verwüsten Chaoten die Hansestadt. Oberbürgermeister Scholz sagt später, dass es keine Polizeigewalt gegeben habe.

Die Bundestagswahl am 24. September ist in vielerlei Hinsicht historisch. CDU und SPD verlieren massiv an Stimmen. Mit der AfD zieht erstmalig eine rechtsextreme Partei in den Bundestag ein. Der FDP gelingt der Wiedereinzug. Eine GroKo wurde von der SPD ausgeschlossen.

Anfang Oktober beginnen in Katalonien die Proteste gegen die spanische Zentralregierung. Die Separatisten um Carles Puigdemont fordern die Unabhängigkeit der Region. Es folgt ein illegales Referendum und ein Eingriff der spanischen Guardia Civil.

»Es ist besser nicht zu regieren als falsch zu regieren.« Mit diesen Worten beendet FDP-Chef Christian Lindner am 19. November die Jamaika-Verhandlungen zwischen CDU, Grünen und der FDP. Die Absage der SPD an die GroKo gerät ins Bröckeln. Zum Jahresende nehmen beide Parteien Koalitionsverhandlungen auf.

Das Jahr 2018:

Die politische Krisen im Ausland versucht Deutschland mit einer weiteren Groko entgegenzuwirken. Im Sommer liegt eine nicht enden wollende Dürre-Periode über dem Land und in Südamerika kommt ein Duplikat des amerikanischen

Präsidenten an die Macht.

Zum Jahreswechsel kommt es im Iran erneut zu Unruhen und Protesten. Es sind die größten Demonstrationen gegen die Regierung von Hassan Rohani seit fast zehn Jahren.

„Opposition und Absage an große Koalition ohne jede Hintertür!" So hieß es noch im September von der SPD. Ein halbes Jahr später findet sie sich überraschend erneut in einer Großen Koalition wieder. Die Abstimmungsergebnis der Basis ist eindeutig, doch in der SPD-Basis brodelt es.

Besonders die Parteijugend geht auf die Barrikaden und grenzt sich mehr und mehr vom Parteivorstand ab. Juso-Chef Kevin Kühnert geht auf eine ausgedehnte NoGroko-Tour - und wirbelt den alteingesessenen Politikbetrieb durcheinander.

2011 feierte der schwedische Produzent und DJ Avicii mit »Levels« einen Welterfolg. Es folgten zahlreiche weitere Hits, die Tim Bergling weltberühmt machten. 2016 beendete er seine Live-Shows, Avicii kämpfte mit Depressionen und dem Alkohol. Am 20. April setzte der 28-jährige seinem Leben ein Ende.

Im August des Vorjahres hatte Donald Trump noch mit einem atomaren Erstschlag gegenüber Nordkorea gedroht. Am 12. Juni vereinbarten Trump und Kim Jong Un bei ihrem Gipfeltreffen in Singapur eine Denuklearisierung der koreanischen Halbinsel.

Nach 438 Verhandlungstagen geht am 11. Juli in München der NSU-Prozess zu Ende. Beate Zschäpe wird zu lebenslanger Haft verurteilt. Die vier als NSU-Helfer Mitangeklagten wurden jeweils zu Freiheitsstrafen verurteilt. Weiterhin bleiben viele Fragen, insbesondere die Verstrickungen des Verfassungsschutzes, ungeklärt.

Die vergangenen vier Jahre waren die heißesten der Wetteraufzeichnungen. Auch im Sommer 2018 kommt es zu extremen Hitzewellen mit Ernteausfällen, Hitzetoten und Wasserknappheit.

Am 2. Oktober wird der Saudi-arabische Journalist Jamal Khashoggi in Istanbul brutal ermordet. Der türkische Geheimdienst hatte die Tat aufgezeichnet. Als Reaktion auf das Verbrechen schränkt Deutschland den Waffenhandel nach Saudi-Arabien ein.

Die Wahl Trumps in den USA scheint Nach-
ahmer zu inspirieren: am 28. Oktober wird Jair
Bolsonaro in einer Stichwahl zum neuen Präsidenten von Brasilien gewählt. Bolsonaro gilt als
Mann der Industrie. Zuvor war er durch rassisti-
sche, frauen- und schwulenfeindliche Aussagen
aufgefallen.

Im Dezember legt die Gelbwestenbewegung
mehrere Städte in Frankreich lahm. Sie fordern
die Rücknahme der Mineralölsteuer, eine Er-
höhung des Mindestlohns und die Einführung
einer Bürgerversammlung. Die Proteste werden
zunehmend gewalttätiger.

Das Jahr 2019:

Wieder wird es heiß in Deutschland. Nicht nur
klimatisch, auch politisch brodelt es im Land.
Ein YouTube Video bringt die Regierung in Er-
klärungsnot, die Jugend rebelliert. Und geht in
der SPD sogar soweit, ihre Führung vor die Tür
zu setzen.

Wer den Hollywood-Film »Interstellar« kennt,
den mag dieses Foto nicht sonderlich beein-
druckt haben. Doch die Aufnahme eines Schwar-
zen Lochs am 10. April wird in der Fachpresse

mit großem Staunen aufgenommen. So etwas war zuvor noch nie gelungen.

Die Bilder vom 15. April treffen jeden Europäer mitten ins Herz: Die Kathedrale von Notre-Dame, das Wahrzeichen der französischen Hauptstadt steht in Flammen. Nur mit viel Glück schaffen es die Feuerwehrmänner, den Brand auf den Dachstuhl zu begrenzen. Die Sanierungsarbeiten werden voraussichtlich bis 2021 andauern.

»Just give me on night in Ibiza« - das haben sich vermutlich auch die beiden FPÖ-Politiker Heinz-Christian Strache und Johann Gudenus gedacht. Vor laufender Kamera verhandeln sie die Zukunft der KRONEN-Zeitung. Der Skandal beendet die Schwarz-Blaue Koalition in Österreich. Straches politische Karriere ist kurz darauf ebenfalls zu Ende.

Kurz vor der Europawahl macht ein junger YouTuber den Regierungsparteien einen Strich durch die Rechnung. Rezos »Die Zerstörung der CDU« wird über 12 Millionen Mal angesehen. Eine Woche später verlieren die Regierungsparteien massiv an Stimmen.

Im Juni beginnen in Hongkong die Proteste

gegen ein von der chinesischen Zentralregierung beratenes Auslieferungsgesetz. Die Proteste ebben im Lauf der Monate nicht ab, es
kommt zu Gewalt durch die Polizei. Auch in
Chile kommt es im Verlauf des Jahres zu Ausschreitungen.

Im Sommer werden die ersten Folgen von
Bolsonaros rücksichtsloser Umweltpolitik erstmalig sichtbar. Der Amazonas-Regenwald brennt
lichterloh. Die Staatengemeinschaft ruft zur Mä-
ßigung auf.

Am 2. Juni wird der Kasseler Regierungs-
präsident Walter Lübcke auf seinem Veranda
ermordet - mutmaßlich durch die Hand eines
Rechtsradikalen. Der CDU-Politiker war für seinen Einsatz für Geflüchtete bekannt.

Power to the People: Inspiriert durch die
Schwedin Greta Thunberg verweigern jeden
Freitag Millionen Schüler die Schulpflicht und
streiken für mehr Klimaschutz. Am 30. Septem-
ber findet die bisher größte Demonstration der
Bewegung statt. Deutschlandweit kommen 1,4
Millionen Menschen zusammen.

Paukenschlag im Willy-Brandt-Haus: Alle hatten mit der Wahl von Olaf Scholz und Klara

Geywitz gerechnet. Doch das Außenseiter-Duo Saskia Esken und Norbert Walter-Borjans macht das Rennen. Die beiden Parteilinken wollen die Partei reformieren und auf lange Sicht aus der Groko herausführen.

Der Slogan »Get Brexit done« reicht für Boris Johnson aus, um sich als Premierminister wiederwählen zu lassen. Mit einem Erdrutschsieg geht die Mehrheit im Unterhaus deutlich an die Tories. Der Ausstritt der Briten aus der EU scheint damit besiegelt. Der Arabische Frühling breitet sich von Tunesien aus über die gesamte arabische Welt aus. Auch die Ägypter gehen zu Tausenden auf die Straße und kämpfen für demokratische Reformen in ihrem Land. Präsident Mubarak setzt auf die Stärke seines Polizeistaates und geht mit aller Härte gegen die Demonstranten vor. Woche für Woche harren Demonstranten auf dem Tahrir-Platz in Kairo aus, der zum Symbol für den Widerstand geworden ist. Am 11. Februar wird der Druck der Straße zu groß - Mubarak tritt zurück.

Am 17. Februar beginnen auch in Libyen Proteste und Demonstrationen gegen Machthaber Muammar al-Gadafi. Das Land stürzt ins Chaos,

Teile der Machtelite schließen sich der Opposition an. Es kommt zum Bürgerkrieg. Im März
greifen die USA, Frankreich und Großbritanni-
en in den Konflikt ein - Deutschland hatte sich
im Sicherheitsrat überraschend enthalten. Erst
im Oktober wird Gadafi in seiner Geburtsstadt
Sirte von Oppositionellen aufgespürt und anschließend getötet. Die genauen Todesumstände sind bis heute ungeklärt. 2011 steht weiterhin
im Zeichen der Eurokrise. Das hochverschuldete Griechenland bekommt ein weiteres Hilfsprogramm zugesprochen. Das Land wird einem
strikten Konsolidierungs- und Privatisierungsplan unterworfen. Das Land erlebt eine schwere politische, finanzielle und auch gesellschaftliche Krise.

Bereits im März kommt es auch in Syrien zu
Protesten gegen die Regierung von Präsident
Baschar al-Assad. Innerhalb weniger Wochen
eskaliert der Konflikt. Verschiedene Gruppie-
rungen kämpfen um die Vorherrschaft in dem
hoch entwickelten Land. Mehrere Millionen
Menschen fliehen vor der Gewalt. Die Vereinten
Nationen gehen davon aus, dass bis zu 500.000
Menschen in dem Bürgerkrieg umgekommen

sind.

Am 1. März tritt Bundesverteidigungsminister Karl-Theodor zu Guttenberg zurück. Zuvor
war bekannt geworden, dass weite Teile seiner
Doktorarbeit plagiiert sind. Der CSU-Politiker
hatte dies wochenlang bestritten. Der Shooting-
star zieht sich daraufhin vollständig aus der
Politik zurück.

Am 11. März trifft Japan ein Seebeben der
Stärke 8.9. Die anschließende Flutwelle, im Japanischen auch Tsunami (»große Welle im Hafen«) genannt, trifft mit Wucht auf das Festland.
Bereits infolge des starken Bebens kommt es
im Kernkraftwerk Fukushima-Daiichi zur Kernschmelze. Das Ereignis sorgt internationale für
Bestürzung und erhöhte Skepsis gegenüber der
Kernenergie. Mehrere Länder, unter anderem
auch Deutschland beschließen aufgrund der Ereignisse, aus der Kernenergie auszusteigen.

Verkehr:

Vor rund 50 Jahren war das Autofahren von A
nach B oder umgekehrt ohne große Hindernisse
möglich. Mit zunehmenden LKW- Verkehr und

Zuladung und bei entsprechend warmen Au-
ßentemperaturen, werden Spurrillen gefahren.
Baustellen wurden eingerichtet. Von dreispu-
rige Fahrbahnen sind nur noch zwei Spuren
befahrbar. LKW an LKW und PKW an PKW.
Kilometerlange Staus. Eine Autobahnbrücken
werden einseitig gesprengt. Will man mit dem
PKW in Urlaub fahren, muss man mit Staus
rechnen. Beim Stau laufen Motoren weiter. Die
Abgase steigen hoch. Das Resultat ist die Klima-
krise. Kein Politiker kann oder will das ändern.
Schauen wird uns die Einkäufe im Markt, Su-
permarkt und sonstige Geschäfte an. Frauen
fahren Autos mit 4 Türen und eine Heckklappe.
So fährt man zum Geschäft und kauft dort ein.
Die Gemeinschaftssinn ist verloren gegangen.
Kein Politiker will oder kann das ändern. Der
»Tante Emma Laden«, zu dem man früher zu
Fuß ging, gibt es lange nicht mehr.

Start und Landungen in Frankfurt? Im Oktober 2022 fanden 34428 Start und Landungen statt. Das wären 17214 Starts. Wenn solche Riesenvögel starten, wird viel Flugzeug-
benzin verbraucht. Am Dienstag 14. Februar
2023 wurde eine Untersuchung am Frankfurter-

Umfeld durchgeführt. Man fand Ultrafeinstaub-Belastungen, die auf Schmieröl-Partikel in der Atemluft bestehen.

Rückbesinnung

Genesis 1,1: »Im Anfang schuf Gott Himmel und Erde.«

Schaut man sich den Satz näher an, zeigt sich, dass das Wort **Anfang** auch das **Ende** beinhaltet. Der Anfang besagt eben auch das Ende. Sollte es aber keinen Anfang gegeben haben, gibt es auch kein Ende. Das ist innere Logik. Oder denken wir an Urknall, Ursuppe, dem Zufall oder die Stecknadeltheorie. Auch diese Theorien gehen von Anfängen aus. Der biblische Text wurde geschrieben, als Himmel und Erde bereits bestanden. Der sogenannte Schöpfungsbericht ist im Nachhinein geschrieben worden. Überhaupt tat man so, als ob die Schreiber bei der Grundlegung der Welt dabei gewesen wären. Doch im Buch **Kohelet** (Prediger) heißt es im Kapitel 5.1: »Gott ist im Himmel und du bist auf der Erde, darum sollst du nicht viele Worte machen.«

1.Mose 8,22:

»Von nun an, alle Tage der Erde, sollen nicht aufhören Saat und Ernte, Frost und Hitze, Sommer und Winter, Tag und Nacht.« Dieser Text besagt genau das, was oben bereits gesagt wurde, (es gab keinen Anfang!)

Setzt man für den Begriff **Gott** den Begriff **Ewiger** ein, wird aus einer Endlichkeit Unendlichkeit. Ewig heißt ohne Zeitbegrenzung. Wird der Begriff **Gott** mit **Allmächtiger** eingesetzt, wird daraus die Allmacht Gottes geschlossen. Man sollte mit der Bezeichnung **Himmel** vorsichtig sein, denn der Begriff besagt alles, was oben ist. Viele Christen gebrauchen den Begriff **Gott** häufig. Sie sagen aber gleichzeitig, dass man ihn nicht verstehen kann.

Im Weltschöpfungsmythos des Eunuma Elish heißt es:

> »Als oben der Himmel noch nicht existierte und unten die Erde noch nicht entstanden war, gab es Apsu, den ersten, ihren Erzeuger, und Schöpferin Tiamat, die sie alle gebar; sie hatten ihre Wasser miteinander vermischt, ehe sich Wei-

deland verband und Röhricht zu finden war? Als noch keiner der Götter geformt oder entstanden war, die Schicksale nicht bestimmt waren, da wurden die Götter in ihnen geschaffen[...]«

Dieser Text ist typisch für religiöse Texte, die aber mit den Schriften des orthodoxen Judentum nicht verwandt sind.

• Setzt für die Begriffe *Himmel* den Begriff *Firmament* ein, dann heißt es:[1] Das ist das Konzept, das der Anblick des sichtbaren (blauen) Himmels und des Sternenhimmels zeigt. Es sind astronomische Ereignisse, die in einem protowissenschaftliches Modell gefasst sind. [10]

• **1 Mose 1,2b:** Himmel und Erde gehören zur gemeinsamen Welt. Im ganzen Universum gibt es Planeten, Sonnen und Sterne. Das wird bekleidet durch den jeweiligen Luftraum. So kann man sich die reale Welt vorstellen: Die Planeten, Sonnen und Sterne hängen in ihrem jeweiligen Luftraum. Hätten wir einen einzigen Luftraum,

---

[1]Seit dem 13. Jahrhundert bezeugt vom spätlateinischen **firmamentum**, wörtlich: **Befestigungsmittel** und besagt Lufthülle, und das steht im Kontext mit der Erdkruste. Es bezeichnet in den frühen Weltbildern den über der Erde gelegenen Teil des Kosmos.

ohne Materie-Gebilde, könnten keine Lebewesen existieren. Hätten wir nur Materie, ohne
Luftraum, würde das einen einzigen Klumpen
Materie bedeuten. Daher wird durch Luftraum,
zu denken ist auch an den Lichtraum. Aus diesem Grund nehmen wir die Dinge in der Welt
wahr. Licht lässt sich nicht sehen, sondern nur
im Verhältnis zum Materie-Gebilde. Zum Licht
sei nur eine einzige Bibelstelle angeführt.

Jesus Sirach 3,26:

»Wer kein Auge hat, dem fehlt das Licht,
wer keine Einsicht hat, dem fehlt die Weisheit.«
Licht und Weisheit gehören zur Gemeinschaft.

• **Rotation.** Auch als Rotationsenergie bezeichnet. »Es ist die kinetische Energie eines
starren Körpers (Beispiel: Schwungrad), der
um einen festen Punkt oder seinen (bewegli-
chen) Massenmittelpunkt rotiert. In diesen beiden Fällen lässt sich die kinetische Energie des
Körpers in einen translatorischen und einen ro-
tatorischen Anteil zerlegen. Diese Energie ist
abhängig vom Trägheitsmoment und der Win-
kelgeschwindigkeit des Körpers: je mehr Masse
von der Rotationsachse entfernt ist, desto mehr
Energie gibt der Körper ab, wenn seine Rotation

gestoppt wird.«[10]

Rotation ist gleich mit Bewegung. Alle Himmelskörper drehen sich nahezu im Kreis. Bei diesem Vorgang entsteht Reibung. Die Produkte sind kleine Staubkörnchen, mittlere und größere Brocken. Dabei ist der Vorgang noch nicht abgeschlossen. So hat man in unserem Sonnensystem 59 neue Planeten gefunden. Das sagte Ignasi Ribas vom Institut d'Estudis Espacials de Catalunyavon von der Universität Göttingen (Datum: 23 Februar 2023). Die Suche dürfte noch nicht abgeschlossen sein. Bei der Rotation auf unserem Sonnensystem entsteht Staub. Das wird durch Staubwischen deutlich. Beim Menschen, bei den Tieren wird das Staub-Sand-Gemisch eingeatmet. Der Luftraum ist auch der Lichtraum und gleichzeitig der Atemraum, und das entspricht dem Energieraum. Das Tageslicht kostet nichts, nur das Kunstlicht muss bezahlt werden. Sonne, Wind und Wasser, diese Elemente sind nicht feststehend, sondern in dauernder Bewegung.

Die Bibel sagt dazu:

Genesis 3,19: Im Schweiße deines Angesichts sollst du dein Brot essen, bis du zurückkehrst zum Ackerboden; von ihm bist du ja genommen. Denn Staub bist du, zum Staub musst du zurück.

Indem wir das Staub-Sand-Gemisch einatmen, können wir uns verständigen. Wir reden und hören gleichermaßen, das ist vergleichbar mit einer Schwingung. Es gibt stetige, periodische, harmonische Schwingungen. Die einfachste Schwingung ist die Schaukel. Sie pendelt zwischen Höhepunkt und Anfangspunkt. Wenn zwei Kugeln auf einem Gestänge montiert sind und in Bewegung gesetzt werden, schwingen sie hin und her. Bei einer Stimmgabeln geben Schwingungen einen Ton von sich. Dann gibt es Glocken. Sie werden durch Seile oder durch Motoren in Resonanz versetzt. Es gibt weitere Musikinstrumente wie Geige, Gitarre und Klavier gehören der gleichen Klasse an.

Eine weitere Schwingungsart wurde durch den bekannten Physiker Léon Foucault begründet. Er machte im Jahr 1851 ein ungewöhnliches Experiment. Damals hatte man noch keinen Beweis für die Erddrehung. Zum Beweis hängte er an ein langes Seil ein schweres Gewicht, befestigte das andere Ende an einem Gewölbe des Pantheon. An ein Frühlingsmorgen startete er das Experiment. Zu seiner großen Verwunderung stellte Foucault fest, dass die Schwingungen seines Pendels – das heißt die Richtung – nicht fest steht. Das Pendel hatte zwar in Ost-West-Pendels Richtung ausgeschlagen, verlagerte sich aber in Nord-Süd-Richtung. Aus welchen Grund geschah das? Foucaults Antwort war einfach: Dieser Richtungswechsel war nur eine Täuschung. In Wirklichkeit drehte sich die Erde in absolut gleicher Richtung.[4] Die Schwingungsamplitude beträgt von der Mitte aus ca.40 cm. Léon Foucault hatte die Welt in Erstaunen versetzt.

Das alles geschieht durch Bewegen der Luftpartikel. Im Vakuum ist weder Sprache noch Bewegen des Staub-Sand-Gemisches möglich.

Eine weitere Bewegungsart ist Wellentheorie. Unter diesem Begriff sind auch Wasserwellen gemeint. Wasserwellen sind das Resultat von Wind und Sonne. Wasserwellen sind bei starkem Wind, bei Orkan oder beim Tsunami entsprechend hoch. Würde das zu einen Dauerzustand führen, hätte das den Tod aller Bewegungen zu Folge. Wasserwellen und Wind

bilden eine Einheit. Die Periodendauer ist von
unterschiedlicher Intensität. Vom Stillstand ist
keine Rede.

Eine weitere Bewegungsart ist der **Funk, Echo
und Schall.** Funk ist eine Technik, die im vergangen Jahrhundert erfunden wurde. Es ist eine
drahtlose Übertragungstechnik und das mithil-
fe von Funkwellen. Hierzu gehören Radartech-
nik, WLAN, Handys, Navigationssysteme, Sa-
tellitenrundfunk, Fernsehwellen, Waffentechnik,
um nur einige Punkte zu erwähnen. Der Schall
ist ein hörbares Geräusch, einen Klang, einen
Ton, ein Knall bzw. Überschallknall bei Flugzeu-
gen. Der Schall wird von Menschen, Maschinen,
Flugzeuge und Raketen erzeugt. Das wird dem
Ohr-Gehirn-System auditiv mitgeteilt. Man unterscheidet den Nutzschall, wie Musik oder die
Stimme. Es gibt auch den Störschall durch Baustellen und den Verkehrslärm. Allgemein gesagt: Wie man in den Wald hineinruft, so schallt
es zurück. Es gibt Radio- und Fernsehwellen
und Funkwellen. Fische im Meer verständigen
sich durch Schall. Bei einer Schalldämmung
minimiert man den Lärm. Die Schallarten werden in Frequenzen eingeteilt. Das Echo vom

Königssee. Bei einer Bootsfahrt auf dem Kö-
nigsee greift ein Bootsführer zur Trompete und
spielt eine kurze Melodie. Bei günstiger Witte-
rung ist dann ein Echo bis zu zweimal zu hören.
Wenn man in einen Talkessel (Canyon) hineinruft, schallt die eigene Stimme als befremdend
zurück.

Sprache ist ein komplexes System der Kommunikation. Darunter fallen die menschliche
Sprachen sowie auch konstruierte Sprachen,
wie sie im Tierreich anzutreffen sind. Zeichen-
systeme und kommunikative Handlungen, die
als Sprache bezeichnet werden, etwa die Tanz-
sprache der Bienen. Unter den menschlichen
natürlichen Sprachen ist eine wesentliche Un-
terteilung zwischen Lautsprache und Gebärdensprache. Die geschriebene Sprache lässt sich
auch in eine Lautsprache hörbar machen.

Die Zahl der menschlichen Sprachen beläuft
sich weltweit gegenwärtig auf etwa 6.000, wobei Schätzungen zufolge ungefähr 90 Prozent
davon am Ende dieses Jahrhunderts verdrängt
sein werden. Im Weltatlas der gefährdeten Sprachen listet die UNESCO alle vom Aussterben be-
drohten Sprachen auf. Mit dem Erlöschen einer

Sprache geht auch ein kulturelles Gedächtnis verloren.[10] Die Sprache, auch die gesungene, geschieht durch das Vermitteln schwebender Stoffe. Man sollte Positives von sich geben. Leider gibt es Menschen, die Negatives sowie Hass, Zorn, Eifersucht von sich geben. Die Sprache ist das Medium, mit dem man sich unterhält. Menschen sprechen in einer bestimmten Tonlage. Der Mann wie auch die Frau und das Kind sprechen in verschiedene Tonfrequenzen. Die Frequenzen sind Resultat von unterschiedlicher Gemütslage. Ist sie freundlich, ärgerlich, schreiend, enttäuschend, zornig, heiter oder beschwingt, so fallen auch die Sprachtöne aus. Das menschliche Gehirn ist in andauernden Bewegung. »Alles fließt«, sagte schon Heraklit und Aristoteles sagt: »Man kann nicht immer in die Flusswelle steigen, die vorher abgeflossen ist.« Was sagt Heraklit dazu: »Wer in dieselben Flüsse hinabsteigt, dem strömt stets anderes Wasser zu.«

Was verflossen ist, ist vorbei und kehrt nicht zurück. Einatmen ist Gegenwart, Ausatmen ist auch Gegenwart. Nur das vorherige Einatmen ist Vergangenheit. Das ist Beleg für den Fak-

tor Zeit. Vergangenheit kann nicht zur Gegenwart werden. Wer schreibt, dem sind im Gehirn
sprachliche Bilder vorgeprägt. Man spricht, der
andere Mensch hört, sollte man eine Sprache
sprechen, die andere Menschen verstehen können, ist das Kommunikation. Wie sagte Jean
Guitton: »Nun sind die sprachlichen Äußerungen unserer Stimme Symbole für das, was unserer Seele widerfährt, und unsere schriftlichen
Äußerungen sind wiederum Symbole für die
(sprachlichen) Äußerungen unserer Stimme. Und
wie nicht alle Menschen mit denselben Buch-
staben schreiben, so sprechen sie auch nicht
dieselbe Sprache.«

Der Atem

> **Dum spiro spero: »Solange ich atme,
> hoffe ich.«**
> Marcus Tullius Cicero 3. Januar 106 v.
> Chr. - 7. Dezember 43 v. Chr. war
> Schriftsteller, Philosoph und der
> berühmteste Redner Roms.

Genesis 2,7: »Da bildete Gott der HERR den
Menschen, Staub von der Erde und blies den
Odem des Lebens in seine Nase, und so wurde

der Mensch eine lebendige Seele.«

Der Atem ist eine komplexe Abfolge von Er-
eignissen, die alle Lebewesen umfasst. Der Le-
bensatem besteht aus dem Einatmen von frei-
schwebenden Stoffen. Der Atem ist Grundlage
für das Leben, wenn er nicht mehr atmet ist
er abgeschieden von der Welt. und auch für
den Tod, wenn nicht mehr geatmet wird. Alle Menschen, ob groß oder klein, reich oder
arm, alle Hautfarben, ob Frau, Mann oder Kind,
alle atmen. Der Atemstoff ist in der Erdatmosphäre umgebendes Gasgemisch, das sich im
trockenen Zustand aus den Hauptbestandteilen
Stickstoff (78,08 Vol) und Sauerstoff (20,95 Vol)
zusammensetzt. Daneben gibt es noch Edelgase
(wie z. B. Argon, Helium, Krypton und Xenon)
sowie andere Spurenstoffe (wie z. B. Kohlendioxid, Methan, Wasserstoff, Distickstoffmonoxid
und Kohlenmonoxid), deren Anteile zusammen
unter 1 Vol. liegt. Quelle: (Landesanstalt Für Umwelt Baden-Württemberg).

Das vorherige Einatmen ist aber jetzt Vergangenheit geworden. Die Luftdichte ist gleich
1,293 kg/m^3. Ein Liter Luft wiegt 1,293 Gramm.
Der Vorgang reguliert sich auf natürliche Wei-

se. Der Mensch atmet pro Tag die unglaubliche Summe von 10.000 Liter Atemluft ein. Nach einem Monat mehr als 300.000 kg oder 1,3 Tonnen wiegen. Er stößt dabei nur eine geringere Menge an Kohlendioxid aus:[2]

Das Atmen gehört zum Menschen. Hat der Mensch aufgehört zu atmen, ist er von der Welt abgeschieden. Der Pfarrer spricht dann die liturgische Formel: »Erde zu Erde, Asche zu Asche, Staub zu Staub.«. Dabei wirft er ein Schäuflein Erde ins Grab. »Von der Erde genommen, ist er zur Erde zurückgekehrt.«

Zu Zeiten der klassischen Antike war man der Meinung, Luft sei luftleer und hätte kein Gewicht. Erst der italienische Physiker und Philosoph Galileo Galilei hatte das spezifische Gewicht der Luft als den 660-sten Teil des Wassers bestimmt.

Zum Bestimmung des Gewicht der Luft sei eine Balkenwaage konstruiert. Auf jeder Seite der Waage wird jeweils ein Luftballon befestigt. Die Waage wird justiert. Dann wird ein Luftballon aufgeblasen und an die vorherige Stelle befes-

---

[2]http://www.spektrum.de/quiz/welche-luftmenge-atmet-ein-gesunder-erwachsener-taeglich-ein-und-aus/678392).

tigt. Der zweite Luftballon bleibt luftleer. Nach
welcher Seite wird das Pendel ausschlagen? Es
neigt sich zur Seite des aufgeblasenen Ballons.
Der Nachweis des Luftgewichts ist erbracht.

Wenn der Mensch reine Atemluft einatmet,
werden beide Lungenflügel beaufschlagt. Diese
haben bei verschiedenen Menschen verschiedene Volumen. Als Beispiel seien Sportler, Taucher
oder Bergsteiger erwähnt. Das Lungenvolumen
ist bei solchen Gruppen größer als beim Nor-
malbürger. Es gibt nichts ohne Ausnahme. Es
gibt Berufsgruppen, bei denen die Atemwege
gefährdet oder erkrankt waren. Zum Beispiel
wäre Staublunge bei Grubenarbeiter und As-
besthose bei ehemaligen Arbeitern zu nennen.
Aber auch die stickige Luft von Industrieschlo-
ten und Autoabgasen spielen eine Rolle.

Gerne atmet der Mensch frische Waldluft ein,
weniger gerne stickige Stadtluft oder Industrie-
qualm. Der Mensch atmet pro Tag die unglaubliche Summe von 10.000 Liter Luft ein und stößt
nur eine geringere Menge Kohlendioxid aus:[3]
Wenn der Mensch im Sommer bei einer Ar-

---

[3]http://www.spektrum.de/quiz/welche-luftmenge-
   atmet-ein-gesunder-erwachsener-täglich-ein-und-
   aus/678392).

beit ein- und ausatmet, bildet sich Schweiß. Ein natürlicher Vorgang. Es kommt zum Körpergeruch. Jeder Mensch riecht anders. Ein Krankenhaus fordert zu einem Rundgang auf.

Zunächst schiebt die Krankenschwester ihre Patienten nach außen auf den Balkon: »Atmen Sie frische Luft, das wird Ihnen gut tun!« Wir begleiten einen Stationsarzt bei einer Visite. Der Arzt nimmt sich die Krankenakte, schaut dabei den Patienten an. Er will sich vergewissern, ob er den Hauch des Todes riecht oder ob es mit Patienten aufwärts geht. Der Arzt riecht in das Krankenzimmer hinein. Er wird sich dessen selbst nicht bewusst sein. Der optische und der geruchsmäßige Eindruck ist ein Kriterium für den Arzt. So ist das Ausströmen von Düften ein Indikator von Krankheiten. Eine Katalogisierung von solchen Düften steht allerdings noch in den Anfängen.

Es gibt bereits Versuche, besonders ausgebildete Hunde haben am Urin eines Patienten Blasenkrebs gerochen. Die Haut eines Typhuspatienten riecht nach frischem Brot. Wer an Röteln erkrankt ist, dessen Schweiß verströmt den Duft frisch gerupfter Federn. Der Mensch riecht nicht nur aus dem Mund, sondern verströmt auch aus den Poren typisch eigene Düfte. In dieser Angelegenheit hat das Bundesforschungsministerium mehre Millionen an Euro zur Verfügung gestellt hat. (Rheinischer Merkur 3.2009.)[4] Neuerdings sollen Hunde das neue Covid 19 Virus gerochen haben.

Der Atem ist so etwas wie ein genetischer Fingerabdruck.[5][10]

Wenn das Staub-Sand-Gemisch auf der Erde endlich wäre, wäre der Kosmos kein offenes System. Da aber der Kosmos weder einen Anfang noch ein Ende hat, verglühen Sterne, aber die Staubpartikel bleiben. Wenn Sterne und Sternschnuppen verglühen, gibt es neue Sternbilder. So ist der Atemstoff und das Sonnen-

---

[4] www.focus.de/gesundheit/ratgeber/zaehne/tid-13538/frischer-atem-manche-krankheiten-kann-man-riechen_ aid_ 376407.html

[5] Als genetischer Fingerabdruck wird ein DNA-Profil eines Individuums bezeichnet, das für dieses in hohem Maße charakteristisch ist. Die DNA wird aus Zellen gewonnen, die aus Gewebeteilen oder Sekreten, zum Beispiel Sperma, Hautzellen oder Speichel stammen. Das Verfahren wird in der Molekularbiologie auch als Genetic Fingerprinting oder DNA Fingerprinting bezeichnet. Alec Jeffreys war auf das Verfahren gestoßen. In Deutschland wurde es erstmals 1988 als Beweis in einem Strafprozess anerkannt.

system ohne zeitliche. Begrenzung. Diese Stoffe durchlaufen einen Filter, der über der Erdatmosphäre aufgehängt ist und für alle Lebewesen passend gemacht wird. Eine allegorische Deutung: Es gibt Kaffee aus Brasilien 34%, aus Vietnam 14%, aus Kolumbien 6% und aus anderen Kaffeeländern. Wir nehmen jeweils einen Kaffeelöffel voll von jeder Sorte, gießen Wasser hinzu. Wenn der Kaffee fertig gebrüht ist und getrunken wird, kann man nicht mehr feststellen, aus welchen Ländern der Kaffee kam. So ist es auch mit der Atemluft. Man kann nicht mehr feststellen, aus welchem System die Atemluft kam und kommt. Sie durchlaufen einen Filter (Atmosphäre), der die Atemstoffe für Mensch und Tier passend macht.

Die Zeit

Der Faktor *Zeit* ist ein großes Thema dieses Buchs. Der Kirchenvater Augustin sagte dazu: «Wenn mich jemand fragt, was Zeit ist, weiß ich es, was sie ist. Wenn ich das aber sagen soll, weiß ich es nicht.» Eigentlich ist die Sache höchst einfach: Es gibt eine Zeit und Zeitvergang in der Natur. Hierzu zählen Tag und

Nacht, Sommer und Winter. Sonnenschein und
Regen, Blitz und Donner und andere Natur-
ereignisse. Die antike Väter haben ihre Her-
den vom Aufgang der Sonne bis zu ihrem Nie-
dergang geweidet. Die Babylonier haben die
Zeit nach Sternen berechnet. Was vor 3.000 galt,
nannte man bis heute Astrologie. Bis es zur
Kalenderzeit und zur Uhrzeit kam, sind tausende Jahre vergangen. Es gibt eine natürliche
Zeit und eine menschliche Zeit. Die natürliche
Zeit ist die, wo die Körper »aufgehangen« im
Universum. Die menschliche Zeit ist gleich mit
einer Strecke von A nach B. Das ist Ausdruck
einer linearen Zeit.

Das AT geht zurück auf das Jahr 3988. Das
ist Zeit, bei der sich die Erschaffung Welt und
der Menschen zugetragen haben soll. Der Tod
und Auferstehung Jesu Christi ist für die west-
liche Welt das Jahr 1. Auch Geschlechtsregister spielten damals eine Rolle. Abraham lebte
nach jüdischer Zeitrechnung um das Jahr 2006
v. Chr. Nach christlichen Daten entspricht das
dem Jahr 1982 v.Chr. Es wird auch eine Ahnen-
reihe aufgeführt. Das Geschlechtsregister des
Alten Testaments endet mit dem Jahr 3653, was

nach christlicher Zählweise das Jahr 333 v.Chr. entspricht.

2.Könige 18,13:

»Im vierzehnten Jahr des Königs Hiskija zog Sanherib, der König von Assur, gegen alle befestigten Städte Judas herauf und nahm sie ein.«

Tausend Jahre später haben Griechen unter Alexander dem Großendie Zeit auf ihn berechnet. Nach der dritten Generation eines Herrschers konnten die Menschen nichts mehr mit den alten Herrschern anfangen. Man wünschte sich ein anderes Zeitmessgerät. Das war die Geburtsstunde einer Art Ur-Uhr. Eine der ersten Uhren wurde in Ägypten gebaut. Es handelt sich um eine Wasseruhr. Bei einigem technischen Verständnis kann man nachvollziehen, wie der Mechanismus funktionierte. Wasser war das Medium, das weitere Funktionen auslöste. Eine solche Uhr sollte zuverlässig die Zeit anzeigen. In Griechenland gab es eine vergleichbare Konstruktion. Sie wurde Klepsydra = Wasserdiebin genannt (etwa 400 v.Chr.).[10] Solche Wasseruhren gab es auch in Marokko. Der Vollständigkeit halber seien Sonnenuhren erwähnt. Wie der Name schon sagt, funktionieren sie nur

bei Sonnenschein. Es gab hier tolle Entwürfe in
Stein und später in Metall.

Der Übergang von der antiken Zeit zur heutigen Zeit geht auf Jesus Christus zurück. Nachdem sich das Christentum im Römischen Reich
durchgesetzt hatte, wurde die antike Zeitrechnung durch die christliche ersetzt. Zuvor zählte
man in Rom entweder die Jahre »ab urbe condita« (a.u.c. = seit der Gründung der Stadt Rom)
oder die Jahre des jeweils amtierenden Herrschers. In christlicher Zeitrechnung stellt das
Geburtsjahr Christi die Zeitenwende dar.

Als Begründer der christlichen Zeitrechnung
gilt der römische Mönch Dionysius Exiguus,
der um 500 n. Chr. lebte. Er zählte nicht mehr
die Jahre nach dem Regierungsantritt des damaligen Kaisers Diokletian, sondern die »an-
ni ab incarnatione Domini«, die "Jahre nach
der Menschwerdung Gottes". Dionysius datier-
te Christi Geburt nach alter Zählung 754 äb
urbe condita". Somit wurde das Jahr 755 a.u.c.
zum Jahr 1 nach Christus. Dionysius verrechne-
te sich allerdings um 4 bis 7 Jahre, so dass die
Geburt Jesu in der Forschung paradoxerweise
zwischen 7 v. Chr. und 4 v. Chr. datiert werden

muss.

Die Kalenderberechnung mit Tagen, Monaten und Jahren bezog sich weiterhin auf den Julianischen Kalender, den Julius Caesar 46 v. Chr. eingeführt hat. Die Einteilung der Woche in sieben Tage nimmt Bezug auf die Schöpfungsgeschichte und entstammt dem jüdischen Kalender.

Im Mittelalter verwendete man bis zur Gregorianischen Kalenderreform im Jahr 1582 (benannt nach Papst Gregor XIII) keine einheitlichen Tagesdaten nach Zahlen, sondern bezog sich auf bestimmte Ereignisse oder Heiligenfeste. Zudem wurde durch die Kalenderreform die Berechnung eines Jahres und die damit verbundene Schaltjahrregelung des Julianischen Kalenders korrigiert. Die meisten katholischen Länder übernahmen den Gregorianischen Kalender entweder direkt im Jahre 1582 oder kurz darauf. Die orthodoxen Länder Osteuropas hingegen behielten den Julianischen Kalender bis zum Anfang des 20. Jahrhunderts. Einige orthodoxe Kirchen begehen ihre Feste noch heute nach dem Julianischen Kalender.

Der Mensch wird älter. In **Psalm 90,10:** heißt es: »Unser Leben dauert siebzig Jahre, und wenn wir noch Kraft haben, dann auch achtzig Jahre. Und was uns daran so wichtig erschien, ist letztlich nur Mühe und trügerische Sicherheit. Denn schnell eilen unsere Tage vorüber, als flögen wir davon.«

Prediger 3,1-4

»Alles hat seine bestimmte Stunde. Und jegliches Vorhaben unter dem Himmel hat seine Zeit. Geboren werden hat seine Zeit, sterben hat seine Zeit; pflanzen hat seine Zeit, ausreißen, was gepflanzt ist, hat seine Zeit; töten hat seine Zeit, heilen hat seine Zeit; abbrechen hat seine Zeit, bauen hat seine Zeit; weinen hat seine Zeit, lachen hat seine Zeit; klagen hat seine Zeit, tanzen hat seine Zeit [usw].«

Die Uhr

Der Übergang von den Sonnen- und Wasser-Uhren geschah vom Altertum bis ins Mittelalter. Dort begann die Erfindung des Räderwerks. Zunächst wurden die Zahnräder aus Holz, später aus Metall gefertigt. Die Erfindung erwies sich als unabhängig von Personen. Zeit war zwar noch immer Zeit, aber jetzt war sie unabhängig von der Umwelt, von Herrschern und von Gestirnen. Das ist die Geburtsstunde der heutigen Uhr. Die Technik wurde stets verfeinert. Es ging darum, genauere Uhren zu bauen. Die Zeit sollte zuverlässig angezeigt werden.

Das erste Räderwerk, das mit metallenen Gewichten arbeitete, die erste Uhr hatte ein Mönch namens Gerbert, der spätere Papst Silvester II., gebaut oder hat bauen lassen. Die Kombination von Räderwerk und Gewichten ist ein Novum in der Geschichte der Uhr. Die Entwicklung einer konstant erfassbaren Zeit hatte große Auswirkungen auf Kultur und Menschheit.

In Mailand wurde die erste Kirchturmuhr mit Schlagwerk gebaut. Das Ziffernblatt hatte den Tag in 4 mal 6 Stunden eingeteilt. Seeleute verrichteten ihre Arbeit in diesem Zeitrahmen. Die Zahl 24, die den vollen Tag ausmacht, ergibt sich durch Multiplikation der Zahlen 4 mal 6. Die heute verwendete Zeiteinteilung in 60 Sekunden und 60 Minuten geht auf die Babylonier zurück. Das nennt sich das Sexagesimalsystem.

Um 1550 n.Chr. gab es eine weitere Entwicklung. Das Nürnberger Ei wurde konstruiert. Es handelt sich dabei um eine Taschenuhr mit

Feder- und Räderwerk. Die ovale Form war der Namensgeber. Insgesamt wurden Uhren kleiner und liefen genauer.

Durch den Einsatz von präzise anzeigenden Uhrzeiten , wurden sie von äußeren Einflüssen unabhängig. Jede Stadt und jede Kirche und jeder Bahnhof hat heute seine eigene Uhren. Reiche Leute, etwa Kaufleute (Fugger) oder sonstige Wohlhabende, kauften goldene Uhren, um damit zu prunken.

Der technische Werdegang der Uhr wurde laufend verfeinert und verbessert. Wenn es in Berlin 12 Uhr schlug, hatte Paris die gleiche Zeit. Die Uhren brachten Menschen und Völker näher zusammen. Fast möchte man sagen, die Einheit Europas begann mit der Uhr. In gewisser Weise wurden sogar Menschen vereinheitlicht. Tagein, tagaus richtet man sich nach der Uhr. Deshalb ist unsere Zeit von der Uhr nicht mehr wegzudenken. Die Uhr gestaltet den Tagesablauf und die Arbeitsabläufe. Nicht wir beherrschen die Zeit, sie beherrscht uns! Die Uhr erwies sich als eine *Art Diktator* .

Afrikaner haben keine Uhren, aber viel Zeit. Wir haben Uhren aber keine Zeit. Den Afrikanern spielt Zeit keine Rolle, sie ihnen fremd. Die Uhr, die Hetze und die Eile erweisen sich als Trennung zwischen Gemeinschaften. Vor 60 Jahren saßen Männer nach der Arbeit auf einer Bank und aßen Speck mit Brot und unterhielten sich. Das macht man heute nicht mehr. Man sitzt zu Hause beim Computer oder spielt mit dem Smartphone.

Arbeitszeit

Zeit ist das Maß, das zur Verrichtung einer Arbeit erforderlich ist. Die Uhr ist auch hier der Anzeiger für die Arbeitszeit. Der Mensch ist ein Getriebener der Zeit. Er schaut mehrmals täglich auf die Uhr, um zu schauen, was die Stunde geschlagen hat.

Eine Stunde bleibt zwar immer noch eine Stunde, aber es wurde erwartet, dass man innerhalb einer bestimmten Zeit mehr Arbeit verrichtete. Die Formel lautete: Mehr Arbeit, mehr Gewinn. Dieses Motto gilt bis heute. Daraus leitete sich der Spruch ab: **Akkord ist Mord**. Der Satz dürfte bis heute Gültigkeit haben. Welche menschlichen Schicksale sich hinter dem Akkordlohn verbergen, will man hier nicht erläutern.

Denn das war eine der trübsten Zeiten Europas. Daraus sind der Marxismus, der Sozialismus und die Gewerkschaften entstanden. Etwa um 1980 wendete sich das Blatt. Der Anlass war wieder einmal die Uhrzeit. Es wurde eine schrittweise Änderung von der 40- auf die 35-Woche eingeführt. Was die Unternehmer vormachten, machten die Gewerkschaften nach. Man drehte an der Zeitschraube. So bekam man bei weniger Arbeitszeit die gleiche Entlohnung.

Die Kehrseite der Medaille: Es stand nicht die gleiche Entlohnung gegenüber. Die Formel lautete: Reiche werden reicher und Arme ärmer. Die Schulden der Bundesrepublik betragen zwei Billionen Euro. Dem stehen 70 Billionen Privatvermögen gegenüber. Während die erwirtschafteten Gewinne nicht selten ins Ausland transferiert wurden bzw. werden, standen sie dem heimischen Markt nicht mehr zur Verfügung.

Wer arbeitslos geworden ist und konnte sich eine neue Arbeit suchen. Findet er keine, bleibt nur noch Hartz IV übrig. Sieht man diese Entwicklung im Zeitraffer, kommt es bei den Euro-

Ländern zur Überschuldung. In den USA, in New York gibt es 7.000 Millionäre und 400.000 Obdachlose. Das meldete dpa:

»85 Reiche – Milliarden Arme. 85 reichsten Menschen der Welt hätten das gleiche Vermögen wie die Hälfte der armen Weltbevölkerung.«

Umweltverschmutzung

Bei steigendem Luxus ergeben sich qualmende Industrieschlote. Es gibt Einwegverpackungen, Flaschen und Dosen, sie müssten in den diversen Müllbehältern gesammelt werden. Manchen wird aus dem Autofenster geworfen. Wenn es im Sommer zu Urlaubsfahrten kommt, wälzen sich tausende Autos dicht an dicht über Autobahnen. In Alaska, wo normalerweise Minusgrade herrschen, ist es warm geworden. Häuser, die auf Eis gebaut wurden, stürzen ein. Dramatische Lage am Nordpol. Es gibt kaum noch zusammenhängende Eismeere. Es gibt dünnes Eis mit Wasser vermischt. Täglich verpesten Menschen die Luft, verschmutzen die Meere, zerstören die Natur. Der Raubbau an unserer Umwelt ist ein schleichender, unaufhaltsamer

Prozess. Die sogenannten grünen Politiker reden von der Rettung der Umwelt. Reden ist
Silber, tun ist Gold.

Der zwischen Kasachstan und Usbekistan
liegt der Aralsee. Er war mit 68.000 Quadratki-
lometern Ausdehnung der viertgrößte See der
Erde. Dann begann ab dem Jahr 1960 die zuneh-
mende Austrocknung. Das ist eine größten vom
Menschen verursachten Umweltkatastrophen.
Vom See ist nicht mehr viel übrig geblieben.
Das Wasservolumen ist um 90 Prozent zurück-
gegangen, die Uferlinien haben sich um rund
100 Kilometer verschoben, alte Schiffe liegen
auf dem Trockenen, das ehemals fischreiche
Gewässer gilt als biologisch tot. Schuld an der
Austrocknung sind die seit 1960 entstandenen
Städte. Sie brauchten Wasser für ihre diversen
Geschäfte.

Die langfristige Fortexistenz des Amazonas-
Re
genwaldes im Anthropozän. (Der Begriff wurde 2002 von dem Nobelpreisträger für Chemie
Paul Crutzen geprägt.) Alleine der brasilianische Regenwald schrumpfte nach Regierungs-
angaben durch Raubbau zwischen August 2017

und Juli 2018 um insgesamt 7900 km^2 Wald, was der Fläche von mehr als einer Million Fußballfeldern entspricht.

Mit 66 Millionen Tonnen pro Jahr ist Palmöl das meist produzierte Pflanzenöl. Inzwischen dehnen sich die Palmölplantagen weltweit auf mehr als 27 Millionen Hektar Land aus. Auf einer Fläche so groß wie Neuseeland mussten die Regenwälder, Mensch und Tier den »grünen Wüsten« weichen. Die Arbeiter werden ausgebeutet, um billige Ware zu produzieren und zu verkaufen.

ANHANG A

WIEDERHOLUNG

Albert Einstein (1879-1955) sagt: »Jedem tiefen Naturforscher muss eine Art religiöses Gefühl nahe liegen, weil er sich nicht vorzustellen vermag, dass die ungemein feinen Zusammenhänge, die er erschaut, von ihm zum ersten Mal gedacht werden. Im unbegreiflichen Weltall offenbart sich eine grenzenlose Vernunft. Die gängige Meinung, ich sei Atheist, beruht auf einem großen Irrtum. Wer sie aus meinen wissenschaftlichen Theorien heraus liest, hat sie kaum begriffen. Er hat mich völlig missverstanden und erweist mir einen schlechten Dienst[...]. Ich glaube an einen persönlichen Gott, und ich kann mit gutem Gewissen sagen, dass ich niemals eine atheistische Weltanschauung gehuldigt habe. Schon als junger Student lehnte ich den wissenschaftlichen Standpunkt der achtziger Jahre ab, und ich betrachte Darwins, Haeckels und Huxleys Entwicklungslehren als hoffnungslos veraltet.« [5]

Rückblick auf das erste Kapitel

• [Plato:] war Schüler des Sokrates, dessen Denken und Methode er in vielen seiner Werke schilderte. Die Vielseitigkeit seiner Begabungen und die Originalität seiner wegweisenden Leistungen als Denker und Schriftsteller machten Platon zu einer der bekanntesten und einflussreichsten Persönlichkeiten der Geistesgeschichte.

Platon hat die erste Philosophenschule in Griechenland gegründet. Das Höhlengleichnis stand vor den Blicken. Es ist eine Darstellung von Licht und Schatten.

• [Anselm von Canterury:] Anselm lebte von 1033-1109. Er wurde 76 Jahre alt. Sein Gebet hat Jahrhunderte überdauert. Er kleidet sein Gebet in folgende Worte:

»Also, Herr, der Du die Glaubenseinsicht gibst, verleihe mir, dass ich, soweit Du es nützlich weißt, einsehe, dass Du bist, wie wir glauben, und das bist, über den nichts Größeres gedacht werden kann.«

• [Thomas von Aquin:] Thomas wurde nur 50 Jahre alt. Thomas gilt als einer der einflussreichsten Philosophen und Theologen der Scholastik. Es ging bei ihm um »Glauben und Wissen«. Jeder Mensch begehrt zu wissen, sagt Aristoteles, und Thomas macht sich diesen Satz zu eigen. Er fragt nach der Kausalität zwischen Materie, Form und das Woher der Bewegung und den Zweck. Thomas folgert: Alles, was ist, beruht auf einer Bewegung. Es gibt nichts in der Welt, was ohne Bewegung wäre. Das heißen alle Gott.

»Weltliche Dinge muss man erkennen, damit man sie lieben kann. Göttliche Dinge muss man lieben, damit man sie erkennen kann.«
Blaise Pascal geboren 1623, gestorben August 1662

• [Blaise Pascal:] Sein Satz vom Gottesbeweis

ist ein häufig zitierter:

»Wenn Du an Gott glaubst, aber Gott existiert nicht, so verlierst Du nichts, aber wenn Du nicht an Gott glaubst, und Gott existiert, so wirst Du in die Hölle geworfen. Deswegen ist es dumm, nicht an Gott zu glauben.«

• [Baruch de Spinoza:] Der Philosoph hieß portugiesisch **Bento de Espinosa**, latinisiert **Benedictus de Spinoza**. Er war jüdischer Herkunft, Seine Eltern lebten in Portugal und zogen nach Amsterdam, wo Baruch im Judenviertel geboren wurde. Acht Tage später, nach der Beschneidung, bekam er den Namen **Baruch**.

Sein Vater starb 1654. Zu dieser Zeit entdeckte er bei sich einen Widerspruchsgeist. Etwa zur gleichen Zeit kam er mit einer mennonitischen Gemeinde zusammen. Dort lernte Baruch Latein. Als er seine Verteidigungsschrift nicht in Jüdisch, sondern in Latein verfasste, musste er auf Betreiben der jüdischen Rabbiner Amsterdam zeitweise verlassen. Wegen dieser Vorfälle vertrat Spinoza bibel- und religionskritische Ansichten.

• [John Locke:] Der Philosoph lebte von 1632 und starb im Oktober 1704. Er war englischer

Arzt sowie einflussreicher Philosoph und Vordenker der Aufklärung.

Locke gilt allgemein als Vater des Liberalismus. Er führt aus: Alle Ideen (ideas), bzw. die Bewusstseinsinhalte und schließlich das, womit sich der menschliche Geist beschäftigt und ausdrückt, das stammt aus der Erfahrung. Er sagte: ohne Erziehung gibt es keine Erkenntnis. Jeder erwachsene Mensch reflektiert seine Gedanken von seinen Eltern. Das Erlernen der Sprache macht den Menschen zum Menschen.

- [Immanuel Kant:] war ein deutscher Philosoph. Er stammte aus einem evangelischen Haus. Sonntags ging es immer in den evangelischen Gottesdienst, was ihn prägte. Kant hatte ein gespanntes Verhältnis zu Gott. Von seinem Aussehen her war er ein sensibler Mensch. Er stammte aus Königsberg, dem heutigen Kaliningrad. Seine Lebenszeit reichte von 1724-1804. Kante wurde 80 Jahre alt. Die philosophische Denkrichtung nannte man später deutsche Aufklärung. Er hat mehrere Bücher geschrieben, bei der es um Vernunft ging.

Es gibt zu Kant mehrere Merksprüche:

- Denn wenn Gott zum Menschen wirklich

spräche, so kann dieser doch niemals wissen, dass es Gott sei, der zu ihm spricht.

- Sapere Aude! Habe Mut, dich deines eigenen Verstandes zu bedienen!

- Zwei Dinge erfüllen das Gemüt mit immer neuer und zunehmender Bewunderung und Ehrfurcht, je öfter und anhaltender sich das Nachdenken damit beschäftigt: Der bestirnte Himmel über mir, und das moralische Gesetz in mir.

- Ich habe in meinem Leben viele kluge und gute Bücher gelesen. Aber ich habe in ihnen allen nichts gefunden, was mein Herz so still und froh gemacht hätte, wie die vier Worte aus dem 23.Psalm: «Du bist bei mir.»

- [Søren Kierkegaard:] Der dänische Philosoph lebte von 1813-1855. Er wurde nur 42 Jahre alt. Kierkegaards Vater, Mikael, zeugte sieben Kinder. Von diesen überlebten nur zwei. So fragte er sich der Vater seit seines ganzes Lebens, warum die Strafe Gottes auf ihn lastete? Kierkegaards Philosophie war geprägt von Gegensätzen. Er hatte kein philosophisches System hinterlassen. Er lebte mit dem christlichen

Glauben im stetem Konflikt.

• [Jean Guitton:] Der Physiker Igor Bogdanov schreibt auf Seite 74 folgende Sätze: »Es ist richtig, dass die Wahrscheinlichkeitsrechnung für ein geordnetes, minutiös geregeltes Universum spricht, dessen Existenz nicht dem Zufall zu verdanken sein kann. Zwar haben uns die Mathematiker noch nicht ganze Geschichte des Zufalls erzählt: Sie wissen nicht einmal, was das ist. Aber sie haben mit Hilfe von Rechnern, die Zufallszahlen erzeugen, bestimmte Experimente durchführen können. Anhand einer von den numerischen Lösungen algebraischer Gleichungen abgeleiteten Regel hat man *Zufall produzierende Maschinen* programmiert. Hier weisen die Wahrscheinlichkeitsgesetze darauf hin, dass diese Rechner Milliarden mal Milliarden mal Milliarden Jahre rechnen müssten, bevor eine Kombination von Zahlen vergleichbar denen auftauchen kann, die die Entstehung des Universums und des Lebens ermöglicht haben.«

A.1. Rückblick auf das zweite Kapitel

Alles Irdische ist sichtbar. Der HERR, der im Luftraum schwebt, ist unsichtbar. Der Himmel ist oben ist und die Erde unten. Alle Erden, Sterne und Planeten rotieren. So entsteht Luft, Staub und Licht. Das Ergebnis ist das Staub-Sand-Gemisch. Es braucht jetzt nur noch die Elemente Sonne, Wind und Zeit, und schon werden Zutaten gemischt. Das ist der Zeit-, Luft- und Licht und Lebensraum allgemein. Der Atemraum entsteht aus schwebenden Luftpartikeln. Dieser Begriff Raum kennzeichnet eine Begrenzung. Es gibt einen Hobbyraum, Kellerraum, Wohnraum, Wirtschaftsraum und eine Vielzahl anderer Räume. Also ist der Weltraum ein Raum einer geschlossene Welt.

Es gibt Radio-, Funk- und Fernsehwellen. Die Technik beruht auf Sender und Empfänger. Durch das Staub-Sand-Gemisch entsteht Reden und Hören. Der Atem, die Sprache, geschieht auf der Basis der Bewegung des Zeit-Luft-Partikel-Raum.

Es wurde die Frage nach dem Anfang der

Welt gestellt. Es gibt zwei unterschiedliche Theorien. Die eine spricht vom Urknall (Big Bang). Es sei innerhalb einer billionstel Sekunde aus einem unendlich kleinen Punkt von unvorstellbaren Energiedichte und Temperaturen entstanden. Das sei die Basis für die heutige Welt. Allerdings schafft Materie keinen Geist. Die Welt ist geistigen Ursprung. Den Geist kann man nicht schaffen, wiegen oder messen – er ist einfach da.

Vom Begriff der Zeit

Alle Dinge sind sichtbar, die Zeit aber nicht. Es wurden Uhren gebaut, um die Zeit anzuzeigen. Die ersten Uhren wurden von Wasser und von der Sonne gesteuert. Dann entstand das Räderwerk. Bis zur komfortablen Uhr sind Hunderte von Jahren vergangen. Da alle Völker und Nationen der westlichen Welt von der Uhrzeit abhängig sind, der Afrikaner aber keine Uhrzeit kennt, arbeiten sie von Morgens bis Abends solange, bis der Tag sich neigt.

Ein biblisch geprägter Zeitrahmen:

Genesis 5,1-5:

»Das ist die Liste der Geschlechterfolge nach

Adam: Am Tag, da Gott den Menschen erschuf, machte er ihn Gott ähnlich. Als Mann und Frau erschuf er sie, er segnete sie und nannte sie Mensch an dem Tag, da sie erschaffen wurden. Adam war hundertdreißig Jahre alt, da zeugte er einen Sohn, der ihm ähnlich war, wie sein Abbild, und nannte ihn Set. Nach der Geburt Sets lebte Adam noch achthundert Jahre und zeugte Söhne und Töchter. Die gesamte Lebenszeit Adams betrug neunhundertdreißig Jahre, dann starb er.« die Ursache. Das Älterwerden ist nicht das Ergebnis von Sünde. Alle Mensch und alle Tiere werden älter.

In diesem Buch wird in der Regel von dieser, uns bekannten Welt gesprochen. Damit sind die Daten nachvollziehbar.

A.1.1. Nota bene

- **Die Neue Zeit**

Die Neuzeit beginnt mit Jesus. In allen Evangelien (frohe Botschaft) ist von Jesus die Rede. Paulus verknüpfte Jesus mit Christus (oder Messias = der Gesalbte). Die Besonderheit von Jesus gelten die sogenannten Wunder. Wie lange die Dauer vom Beginn der Wunder bis zur Ausführung gedauert hat, wird mit keinem Wort genannt. Dass der Übergang von der irdischen zur himmlischen Welt stattgefunden hat, gilt als Beweis. Denn als er Lazarus vom Tod zum Leben überführte, und damit sein eigener Tod zum Leben auferweckte, ist logische Folge. Aufgrund seiner Auferstehung sind zahlreiche Gotteshäuser entstanden. Als erste Kirche gilt die Hagia Sophia (heilige Weisheit).

Abbildung A.1. Hagia Sophia

KAPITEL 6

ABBILDUNGSVERZEICHNIS

SACHVERZEICHNIS

BIBELSTELLENVERZEICHNIS

HINWEISVERZEICHNIS

KAPITEL 7

LITERATURVERZEICHNIS

[1] Eva Cancik-Kirschbaum. *Die Assyrer*. C.H.Beck - Wissen, 2003. ISBN: 3-406-50828-6.

[2] Johannes Hirschberger. *Geschichte der Philosophie; zwei Bände*. Komet. Herder, Breisgau, 1952. ISBN: 3-933366-00-3.

[3] Karl Jaspers. *Der philosophische Glaube und Offenbarung*. München: R.Piper Verlag, 1962.

[4] Grischka Jean Guitton und Igor Bogdanov. *Gott und die Wissenschaft*. Artemis und Winkler Verlag, 1993. ISBN: 3-7608-1900-1.

[5] Kai-Uwe Kolrep. *Schöpfung oder Evolution*. Dillenburg: Christliche Verlagsgesellschaft, 2007. ISBN: 978-3-89436-539-4.

[6] Robert Laughlin. *Urknall-Theorie – nichts als Marketing*. Perspektive, Juli 2008, S. 13. DOI: 1616-9182.

[7] Franz M.Wutekis. *Darwin und der Darwinismus*. C.H.Beck - Wissen, 2005. ISBN: 3-406-50881-2.

[8] R.Feldmeier W.H.Ritter, W.Schoberth und G.Altner. *Der Allmächtige. Annäherung an ein umstrittenes Gottesprädikat*. Göttingen: Vandenhoeck und Ruprecht, 1997, S. 68–82. ISBN: 9783525613528.

[9] Ehregott Wasianski. *Zuhaus bei Kant*. Berlin: Semele Verlag, 2006. ISBN: 3-938869-03-8.

[10] Wikipedia, Hrsg. *Onlinelexikon*. 2014. URL: www.wikipedia.de.